D0921053

Chiens
de race

• MARABOUT •

Sommaire

Les différents groupes de chiens de race

Portrait des différentes races

Choisir votre chien

Annexes

Les différents groupes de chiens de race

La Fédération cynologique internationale (FCI), l'organisme qui coiffe les fédérations canines de chaque pays, reconnaît près de 300 races classées en 11 groupes. Ce chapitre présente les caractéristiques de chaque groupe.

Groupe 1
Chiens de berger
et de bouvier

Lorsque l'homme est devenu sédentaire et s'est consacré à l'élevage, il a confié à de grands **chiens de troupeau** la mission de protéger ses bêtes contre les prédateurs. Puis, les troupeaux de moutons se sont agrandis, mais les pâturages sont devenus plus petits : il est alors devenu indispensable de dresser des chiens de taille moyenne, alertes, endurants et d'un caractère facile, appelés **chiens de conduite,** pour empêcher les moutons de pénétrer dans les cultures. Les grands chiens de troupeau n'eurent alors plus de raison d'être, car les loups avaient été presque complètement décimés. Heureusement, différentes races de ces superbes **chiens de protection de troupeau** sont toujours présentes au sein des montagnes du sud et de l'est de l'Europe, ainsi qu'en Sibérie. Les **chiens bergers** sont en général faciles à dresser et s'habituent bien à l'homme. Ils sont intelligents, souvent sensibles, toujours obéissants et vigilants. Leur tendance à braconner peut être corrigée s'ils sont correctement éduqués.

Les éleveurs, les bouchers ou les marchands de bestiaux avaient besoin pour leur protection et pour la conduite du bétail de chiens robustes et vaillants, les **chiens de bouvier.** Le Rottweiler en fait partie. Beaucoup de marchands de bestiaux confectionnaient jadis à ces chiens des colliers qui pouvaient contenir la totalité de leur fortune. Il aurait été impossible de s'en emparer sans tuer le chien.

Groupe 2
Pinscher et Schnauzer,
molossoïdes, chiens
de montagne et de bouvier

Les **Pinschers** sont des chiens plutôt petits, à poil lisse ou dur. Ils étaient autrefois

Ce Border Collie adopte un langage corporel caractéristique lorsqu'il surveille les moutons.

EN SAVOIR PLUS

Le chien de protection de troupeau n'est pas un chien familial

Il n'est ni un animal de compagnie, ni un chien familial. En effet, en raison de son rôle de protecteur, il peut devenir dangereux vis-à-vis des étrangers. Durant la phase de défense, il devient bien souvent incontrôlable. En revanche, le chien de conduite proprement dit fait généralement un bon chien familial. Il est disposé à l'obéissance. Le chien de bouvier sera un chien de compagnie utile et docile s'il reçoit une éducation appropriée.

appelés ratiers, car leur tâche consistait à pourchasser les rats et les souris dans la cour et les étables. Ils ne devaient pas errer, et malgré leur vigilance, n'étaient pas censés mordre.

Les **races molossoïdes** regroupent en général des chiens qui paraissent effrayants uniquement du fait de leur aspect menaçant, de leur corps et de leur tête massifs, de leurs mâchoires puissantes, de leurs oreilles pendantes et souvent de leur grande taille.

Ces puissants chiens domestiques et de garde ont pour ancêtre commun le Dogue tibétain et se seraient répandus dans le monde entier par le biais du molosse assyrien. Ils ne doivent être confiés qu'à des maîtres responsables. Le **Bouvier**

Le Jack Russell Terrier aime toujours chasser les animaux dans leur terrier.

bernois est un chien de ferme utile. Les Bouviers de l'Entlebuch et d'Appenzell étaient non seulement utilisés comme chiens de garde, mais aussi comme gardiens de troupeau en raison de leur zèle. En revanche, le Bouvier bernois et le Grand Bouvier suisse (en photographie page 7) ont non seulement un rôle de gardiens, mais aussi de chiens de trait.

Groupe 3
Terriers

Quelle que soit leur race, les Terriers sont courageux, intelligents et pleins de vitalité. Ils ont tendance à être dominants et indépendants. Grâce à ces qualités, ils combattaient les renards et les blaireaux dans leur terrier, en les en chassant pour les mettre à portée du fusil des chasseurs. C'est ce qui leur valut le nom de « Terriers ». Leur tâche consistait à

Déterminé, mais non têtu, ce Teckel à poil dur observe ce qui l'entoure.

combattre les prédateurs dans les champs et à chasser les nuisibles à la maison, une mission dont ils s'acquittaient avec entrain. Toutes les races de Terriers donnent généralement des chiens de compagnie utiles, qui nécessitent cependant d'être bien éduqués.

Groupe 4

Teckels

Ces chiens étaient à l'origine dressés pour chasser les blaireaux et les renards dans leur terrier. Pour cette raison, ils sont très déterminés, comme les Terriers, une attitude que beaucoup de personnes considèrent à tort comme de l'entêtement.

Groupe 5

Chiens de type Spitz et de type primitif

Les chiens de type Spitz étaient sans doute les premiers chiens domestiques. Si le **Spitz** est utilisé en Europe du Nord comme chien de chasse, de traîneau ou de berger, ailleurs, il s'agit plutôt d'un chien de garde et de compagnie. Les chiens de chasse japonais comme l'Akita font partie des Spitz. Ces chiens ont une queue enroulée, un corps plus ou

---

EN SAVOIR PLUS

Les Terriers – des chiens hors norme

Beaucoup de qualificatifs caractérisent ces chiens : ils sont énergiques, déterminés, indépendants, courageux, fonceurs, intelligents, rusés, bagarreurs, joueurs, entêtés et volontaires. Ils aiment chasser, être actifs, apprendre, et sont câlins et fidèles.

Si toutes ces qualités vous plaisent chez un chien, le Terrier sera pour vous un compagnon idéal. Évitez en revanche le Jagdterrier, le Terrier de chasse allemand, réservé aux chasseurs.

moins trapu, carré, une arrière-main droite, des dents acérées et des oreilles dressées et pointues. Leur caractère diffère d'une race à l'autre.

Parmi les **chiens de type primitif** figurent le Chien de Canaan, le Chien du Pharaon, les Chiens nus mexicain et péruvien et le Basenji. D'autres chiens primitifs sont utilisés pour la chasse : il s'agit notamment des Podencos des Canaries et d'Ibiza, du Cirneco de l'Etna et du Podengo portugais. Ces chiens de chasse de type Lévriers, autrefois appelés chiens courants du Midi, se servent à la fois de leur nez et de leurs yeux pour chasser.

Groupe 6

Chiens courants, chiens de recherche au sang et races apparentées

Les **chiens courants** suivent les pistes du gros gibier avec passion et chassent en meute ou seuls avec un chasseur. Ils pourchassent leur proie en aboyant bruyamment. Les chasseurs appellent « cri » ces aboiements.

Au cours du temps, les méthodes de chasse et l'armement du chasseur ont évolué. Les chiens de chasse ont donc dû être rééduqués pour accomplir certains

Le Podenco poursuit le lièvre et le rapporte.

En Allemagne et au Royaume-Uni, la chasse à courre au renard est interdite.

objectifs. Ceux que l'on appelait limiers, qui repéraient la piste du gibier devant le reste de la meute, sont devenus inutiles. Ces chiens ont été reconvertis en **chiens de recherche au sang,** capables de suivre les animaux qui saignent. Ils indiquent leur position au chasseur en aboyant continuellement.

EN SAVOIR PLUS

Chiens de type primitif

Les races classées sous ce nom par la FCI ne sont pas appelées ainsi sans raison. Les amateurs de chiens inhabituels réagissent avec enthousiasme en présence de ces races. Il s'agit de chiens très particuliers, qui ont soit une constitution magnifique et intéressante, soit un comportement particulièrement primitif. Seul un véritable connaisseur peut toutefois s'en occuper, afin de répondre à leurs exigences très élevées.

> Le rôle des chiens de chasse consiste à rechercher des pistes en pleine nature.

> L'Irish Water Spaniel est un chien d'eau au poil imperméable.

Groupe 8

Chiens rapporteurs de gibier, chiens leveurs de gibier et chiens d'eau

Toutes les races de Retrievers du groupe 8 font partie des chiens de chasse : ce sont des **rapporteurs de gibier.** Leur nom provient de l'anglais *to retrieve*, « rapporter ». Ce sont des chiens très travailleurs, de taille moyenne, énergiques

Groupe 7

Chiens d'arrêt

Avec l'apparition des armes à feu, l'homme a dressé des **chiens d'arrêt,** qui montrent qu'ils ont découvert le gibier en levant une patte avant et en demeurant immobiles. Lorsque le chasseur parvient à portée de tir, le chien débusque l'animal sur ordre.

Le chien, sans s'effrayer des détonations, doit rapporter l'animal abattu au chasseur sans l'abîmer. Actuellement, dans le cadre d'une chasse soucieuse de la conservation de la faune, les chiens sont polyvalents : ils cherchent, lèvent le gibier, marquent l'arrêt, rapportent et protègent le chasseur.

EN SAVOIR PLUS

Les chiens de chasseurs
Presque tous les chiens courants du groupe 6 et tous les chiens d'arrêt du groupe 7 sont uniquement des chiens de chasse et ne doivent être confiés qu'à des chasseurs. La chasse leur est si spécifiquement adaptée qu'il ne faut pas lui substituer d'autres activités, tels que les sports canins. Utiliser ces chiens comme chiens de compagnie serait cruel.

> Rapporter un objet
est l'activité préférée
des Retrievers.

et dotés d'une constitution compacte. Ils rapportent le gibier sans l'abîmer. L'eau ne les effraie pas, même en hiver. Ils peuvent faire de relativement bons chiens de compagnie, à condition de remplacer la chasse par des activités sportives.

Les **chiens leveurs de gibier** sont essentiellement des Spaniels, Les Spaniels de toutes races sont néanmoins de plus en plus utilisés comme chiens de compagnie,

tout comme les Teckels. Cela vaut aussi pour les **chiens d'eau**, dont l'Irish Water Spaniel est un représentant typique. La chasse aux oiseaux aquatiques représente pour eux une véritable passion. Ils font des chiens domestiques faciles à dresser, car ils sont très intelligents. Ils sont très rares, et leur perpétuation est menacée.

Chez ces chiens, la caudectomie évite les blessures durant les parties de chasse.

Ces compagnons enjoués
sont élevés pour le plus grand
bonheur de leurs maîtres.

Groupe 9

**Chiens d'agrément
et de compagnie**

En raison de leur intelligence
sociale, et de leur énorme
capacité d'adaptation, ces
chiens peuvent s'avérer de
précieux compagnons. Leur
taille varie du nain au chien
de taille moyenne. Leur poil
n'est pas toujours facile
à entretenir. Il peut être très
beau mais exiger beaucoup de
soins. Certains n'ont pas de
poils. Ils doivent alors être
protégés avec une huile
solaire. Les véritables
amoureux des chiens
éprouvent souvent
de la pitié pour ces animaux
élevés pour des caractéristiques
qui en réalité sont pour eux
une source de tourments.
Le groupe 9 réunit l'ensemble
des races de chiens dont la
seule utilité est de combler
leur maître par leur présence.

Ceux-ci le font d'ailleurs
avec une grande capacité
d'adaptation – mais aussi
une grande tolérance à la

Les Lévriers chassent à vue, et les autres chiens de chasse grâce à leur flair.

souffrance. Les troubles du comportement dus à des soins inappropriés et anthropomorphiques sont d'ailleurs répandus chez les chiens de compagnie.

Groupe 10
Lévriers

Contrairement aux autres chiens de chasse, le Lévrier se sert peu de son flair. Ce chien courant est l'un des chiens de chasse les plus anciens.

Ses ancêtres provenaient vraisemblablement des vastes steppes d'Asie ou des régions désertiques du Proche-Orient et d'Afrique. Sa constitution indique qu'il a été sélectionné pour sa rapidité : il a de hautes pattes tendineuses, un corps fin et un dos arrondi.

Sa cage thoracique vaste et profonde laisse suffisamment d'espace aux poumons et au cœur.

La course est l'activité favorite du Lévrier. Les courses de Lévriers derrière un lapin factice sont un substitut indispensable mais insuffisant à l'extrême besoin

---

EN SAVOIR PLUS

Les qualités d'un bon chien de compagnie

Il est souhaitable qu'un chien de compagnie ait une bonne nature, soit obéissant, ait un caractère modéré, s'attache à son maître, soit stable, aime rapporter et jouer.

Il peut aussi avoir des qualités de gardien et de protecteur. En revanche, il n'est pas souhaitable que le chien soit craintif, timide, exagérément méfiant, bagarreur, acrimonieux ou attiré par la chasse.

Son inscription au livre des origines est en quelque sorte une garantie de ses qualités.

de chasser de ces chiens. Tout animal dont la course est rapide peut susciter cet instinct de chasse et risque même d'être tué si le Lévrier n'est pas tenu en laisse.

Dans une telle situation, il n'est plus à même d'obéir. Ce chien est de nature secrète, sensible, noble et souple. Quiconque l'apprécie doit être certain de pouvoir satisfaire la totalité de ses besoins. Sinon, il devrait renoncer à en acquérir un.

La possession de chiens dits «dangereux»

Le possesseur d'un tel chien, dont l'agressivité et la dangerosité sont accrues, est soumis à une série de

EN SAVOIR PLUS

Groupe 11 de la FCI
Ce groupe rassemble des races dont les associations d'élevage ont déposé une requête auprès de la FCI afin qu'elles soient reconnues. Elles sont provisoirement acceptées. Sont à l'étude actuellement le cas du Berger australien (voir page 40) et celui du Berger blanc suisse (voir page 41). La reconnaissance définitive de ces races est sans doute imminente.

réglementations et de lois. Les chiens «dangereux» doivent faire l'objet d'une déclaration auprès de la mairie. Selon la loi française du 6 janvier 1999, les chiens d'attaque appartiennent à la première catégorie de ces chiens.

Leur maître ne doit pas les faire circuler dans les lieux publics, les locaux ouverts au public et les transports en commun. Ils doivent obligatoirement être stérilisés. Seules les personnes majeures et dont le casier judiciaire est vierge peuvent détenir de tels chiens. Ceux-ci doivent être tenus en laisse et porter une muselière. Enfin, ils doivent

Pour les chiens de combat comme le Pit Bull, il existe une législation stricte.

Les bâtards aussi aiment jouer dans l'eau avec leur maître.

faire l'objet d'une assurance. En France, de nouvelles dispositions envisagent de mettre en place un permis d'aptitude pour les maîtres habilités à posséder de tels chiens. La seconde catégorie des chiens « dangereux » est celle des chiens de défense.

Les bâtards

La plupart des chiens ne sont pas de race pure. On en trouve beaucoup dans les refuges, car ils sont souvent considérés comme dépourvus de valeur. Contrairement à l'opinion courante, ils ne sont ni plus intelligents, ni en meilleure santé que les chiens de race. En revanche, ils ont souvent des problèmes de comportement, soit parce que le caractère de leurs parents n'est pas entré en ligne de compte au moment de la reproduction, soit parce qu'ils ont été abandonnés. N'encouragez pas une personne qui produit à dessein des bâtards. Il y a suffisamment d'animaux malheureux.

Termes spécialisés de A à Z

➤ Amble

Mouvement simultané vers l'avant des membres droits ou gauches.

➤ Arbre généalogique

→ Voir pedigree.

➤ Arrière-main

Ensemble formé par les membres postérieurs, les cuisses et les hanches.

➤ Bleu merle

Poil bleu-gris.

➤ Bringé

Dont la robe comporte des rayures sombres sur un fond plus clair, comme le Boxer.

➤ Bringeure

Étroite bande de poils plus foncés située en travers de la robe d'un chien. La robe est alors dite → «bringée».

➤ CAC

Abréviation de «Certificat d'aptitude au championnat». Donne la possibilité de prétendre à un titre de champion dans un concours national de conformité au standard d'une race.

➤ CACIB

Abréviation de «Certificat d'aptitude au championnat interna-
tional de beauté». Donne la possibilité de prétendre à un titre de champion dans un concours international de conformité au standard d'une race.

➤ CACIT

Abréviation de «Certificat d'aptitude au championnat international de travail». Donne la possibilité de prétendre à un titre de champion international de travail (pour les chiens d'utilité).

➤ Chaleurs

Saison des amours d'une chienne qui a lieu tous les six mois environ.

➤ Champion

Titre des chiens qui se rapprochent le plus possible de l'objectif de leur élevage.

➤ Confirmation

Évaluation du chien, du point de vue de sa conformité au standard de sa race. Les qualificatifs peuvent être : excellent, très bon, bon, suffisant, insuffisant.

➤ Constitution

Caractéristiques physiques d'un chien. On parle aussi de «conformation».

➤ Croisement

Accouplement de deux races différentes.

➤ **Croupe**
Bas du dos d'un chien, de la dernière vertèbre lombaire à la naissance de la queue ; est constituée du sacrum, des os du bassin et des muscles de cette zone.

➤ **Culotte**
Longs poils souples situés derrière les cuisses du chien.

➤ **Cynologie**
Étude des chiens. Vient du grec *kyon*, chien, et *logos*, étude.

➤ **Domestication**
Apprivoisement et dressage d'un animal sauvage pour qu'il rende service à l'homme ou lui tienne compagnie.

➤ **Dominant**
Désigne un caractère héréditaire visible qui empêche l'expression d'autres caractères héréditaires.

➤ **Élevage**
Mise en contact volontaire de chiens et de chiennes de même race pour qu'ils donnent naissance à des chiots dotés des caractéristiques souhaitées, propres à leurs parents.

➤ **Épilation**
Arrachage des poils morts, afin d'obtenir une silhouette uniforme chez le chien, prescrite par le standard (→ comme chez l'Airedale Terrier).

➤ **Ergot**
Cinquième orteil atrophié situé sur la face interne des pattes.

Pour correspondre au standard de leur race, certains chiens doivent en posséder un sur les membres postérieurs (par exemple, le Beauceron).

➤ **Fanon**
(→ voir Saint-Bernard) Léger repli de peau sous le cou.

➤ **Feu**
Couleur des marques régulières plus claires sur la robe foncée d'un chien (par exemple, le Rottweiler).

➤ **Flancs**
Partie souple comprise entre les côtes et les cuisses.

➤ **Franges**
Poils longs et fins situés au dos des membres antérieurs, sur les oreilles ou la queue (→ Setters, Épagneuls).

➤ **Garrot**
Point le plus élevé du corps, situé entre les omoplates. Mesure de référence de la taille du chien.

➤ **Groupe d'élevage**
Présentation à une exposition d'au moins trois chiens d'un même élevage. Les chiens doivent avoir le même jour reçu chacun au moins le qualificatif « bon ».

➤ **Lignée**
Suite ininterrompue d'individus descendant les uns des autres.

➤ **Livre des origines**

Registre de tous les chiens de race. En France, il est tenu par la Société centrale canine. Y sont inscrits les chiens dont les géniteurs ont un pedigree.

➤ **Marques**

Taches d'une couleur différente dans la robe d'un chien.

➤ **Masque**

Partie sombre pigmentée de la tête du chien, située autour du museau ou sur le crâne.

➤ **Museau**

Partie de la gueule du chien qui s'arrête au → stop.

➤ **Oreille dressée en tulipe**

Oreille dont on peut voir l'intérieur du pavillon (comme chez le Berger allemand).

➤ **Oreilles en chauve-souris**

Oreilles dressées larges à la base, avec une pointe arrondie (comme chez le Bouledogue français).

➤ **Oreille « en rose »**

L'arrière de l'oreille est plissé vers l'intérieur, laissant voir le pavillon, comme chez le Bouledogue anglais ou le Whippet. Le bord supérieur retombe vers l'arrière et vers le bas.

➤ **Oreilles pendantes**

Oreilles haut placées, tombant vers l'avant, plaquées contre la tête.

➤ **Oreilles semi-dressées**

Seule la pointe des oreilles est recourbée vers l'avant (chez le Colley, par exemple). Parfois, c'est le tiers supérieur de l'oreille qui est recourbé (→ ce qui donne les oreilles en V du Fox-terrier, par exemple).

➤ **Panache**

Ensemble de poils ornant le dessous de la queue.

➤ **Pedigree**

Document officiel, extrait du livre des origines, comportant l'identité d'un chien et son arbre généalogique, délivré, en France, par la Société centrale canine (SCC).

➤ **Phénotype**

Ensemble des caractères apparents d'un chien.

➤ **Pigmentation**

Dépôt de pigments sur le mufle, le bord des babines et le bord des paupières.

➤ **Poil de jarre**

Poil plus long disséminé dans la robe du chien.

➤ **Poil double**

Poil proche de celui du loup, composé d'un poil de couverture de longueur moyenne et d'un → sous-poil dense (comme chez le Berger allemand).

➤ **Poil dur**

Poil de couverture court ou de longueur moyenne, orienté de diverses manières, rugueux et dur au toucher (comme chez le Teckel à poil dur).

➤ **Poil «fil de fer»**
Poil court et dur.

➤ **Poivre et sel**
Se dit de poils de couverture sombres dont les extrémités sont claires (comme chez le Schnauzer).

➤ **Puce**
Moyen d'identification d'un chien. La puce est placée sous la peau de l'animal. Les informations qu'elle contient sont déchiffrées à l'aide d'un appareil de lecture.

➤ **Race pure (de)**
Doté des caractéristiques typiques d'une race, qui sont transmises par des parents de race pure.

➤ **Rapport**
Action de rapporter un objet ou une pièce de gibier pour un chien, généralement sur ordre.

➤ **Récessif**
Contraire de → dominant. Caractère héréditaire resté présent dans le patrimoine génétique, mais non manifesté, qui réapparaît au bout de plusieurs générations.

➤ **Sec**
Dont le corps est musclé et dépourvu de dépôts adipeux.

➤ **Sélection**
Détermination des qualités d'un chien lorsque celui-ci doit faire l'objet d'un élevage.

➤ **Souche**
Groupe de chiens, qui au sein d'une race, se distinguent par des caractéristiques ou des qualités particulières.

➤ **Sous-poil**
Poils laineux et fins situés sous le poil de couverture du chien.

➤ **Standard**
Description des caractéristiques idéales d'une race, établie par l'association respective de la race dans le pays d'origine.

➤ **Stop**
Angle formé par la jonction entre le crâne et le museau.

➤ **Tan**
Terme anglais désignant une teinte brun jaunâtre à brun rouille, comme chez le Terrier Black and Tan.

➤ **Tatouage**
Numéro d'identification inscrit sur la face interne de l'oreille ou de la cuisse à l'aide d'encre et d'une pince spécifique.

Portrait
des différentes races

Ce chapitre présente les 200 races de chiens
les plus appréciées, classées par ordre
alphabétique selon la nomenclature de la FCI.
Chaque fiche décrit un chien, son utilisation,
son caractère et l'environnement
qui lui convient. Enfin, un bref résumé
indique ses principales caractéristiques.

Présentation des fiches

(de la page 28 à la page 227)

Nom de la race : il s'agit du nom de la race reconnue par la Fédération cynologique internationale (FCI).

Autre nom : autre nom courant de la race.

Utilisation : histoire de la race, notamment de son origine, objectif initial du dressage et utilisation actuelle.

Caractère : les qualités essentielles et les modes de comportement de la race concernée, son attitude en famille, envers les inconnus et d'autres chiens.

Environnement : conditions les plus propices au bien-être de la race en particulier.

Maladies : affections auxquelles la race est sujette. Maladies de A à Z → page 246 à 249.

Convient aux : sachez estimer votre connaissance des chiens et l'expérience que vous en avez.

Résumé : vous apprendrez ici à quel groupe de la FCI la race appartient. Vous obtiendrez en outre des indications sur le pays d'origine, la taille, le poids, le type de robe et la couleur du chien, son espérance de vie et le prix actuel d'un chiot.

Encadré : il permet de voir en un coup d'œil les principales exigences liées à une race, en fonction du nombre de « pattes » (1 à 5) :

➤ **Éducation** : plus la race est difficile à éduquer, plus il y a de « pattes ».

➤ **Ville** : mieux la race est adaptée à la ville, plus elle possède de « pattes ».

➤ **Famille** : plus une race comporte de « pattes », mieux elle s'adaptera au sein de sa famille.

➤ **Soins** : plus le temps à consacrer aux soins d'une race est important, plus il y a de « pattes ».

➤ **Exercice** : plus vous devrez consacrer de temps au chien pour l'occuper suivant ses besoins, plus il y a de « pattes ».

Les sports canins indiqués dans la fiche feront office de compensation indispensable. Les termes canins spécialisés sont définis de la page 18 à la page 21.

> Des activités sportives sont nécessaires à la bonne santé du Tervueren.

Signification du tableau

Aux pages 26 et 27, vous trouverez 50 races présentées sous les catégories «Pour débutants» (page 26) et «Pour maîtres expérimentés/ Spécialistes» (page 27). Une personne qui achète un chien pour la première fois est considérée comme débutante. Les maîtres expérimentés et les spécialistes connaissent différentes races et sont habitués à s'adapter aux qualités particulières d'une race déterminée.

À la maison : peut être gardé en appartement, ou exclusivement dans une maison.
✔ = mal adapté
✔✔ = moyennement adapté
✔✔✔ = bien adapté
«**non**» = inadapté
Forme : temps nécessaire pour occuper un chien d'une manière conforme à ses besoins spécifiques.
✔ = peu de temps
✔✔ = un certain temps
✔✔✔ = beaucoup de temps
Soins : temps à consacrer aux soins, comme le toilettage
✔ = peu de temps
✔✔ = un certain temps
✔✔✔ = beaucoup de temps

Portrait des différentes races

POUR DÉBUTANTS

RACE	PAGE	MAISON	FORME	SOINS
Berger australien	40	✔✔	✔✔✔	✔
Berger des Shetland	47	✔✔✔	✔✔✔	✔✔
Bobtail	52	✔✔	✔✔	✔✔
Bouvier bernois	58	non	✔	✔✔
Boxer	62	✔✔✔	✔✔✔	✔
Cairn Terrier	72	✔✔✔	✔✔✔	✔✔
Caniche	73/127	✔✔✔	✔✔	✔✔✔
Cavalier King Charles Spaniel	77	✔✔✔	✔	✔✔
Cocker	99	✔✔	✔✔	✔✔✔
Colley à poil long	101	✔✔✔	✔✔✔	✔✔
Collie barbu	103	✔✔	✔✔✔	✔✔✔
Dalmatien	105	✔✔✔	✔✔✔	✔
Épagneul King Charles	117	✔✔✔	✔	✔✔
Eurasier	119	✔✔✔	✔✔	✔✔
Golden Retriever	124	✔✔✔	✔✔✔	✔✔
Kromfohrländer	141	✔✔✔	✔✔	✔
Labrador Retriever	143	✔✔✔	✔✔	✔✔
Landseer	147	non	✔✔	✔✔
Schnauzer miniature	188	✔✔✔	✔✔	✔✔✔
Spitz	198/199	✔✔	✔✔	✔
Springer anglais	203	✔✔✔	✔✔✔	✔✔
Teckel	206/207	✔✔✔	✔✔	✔
Terre-Neuve	208	non	✔✔	✔✔✔
West Highland White Terrier	224	✔✔✔	✔✔	✔✔✔
Yorkshire Terrier	227	✔✔✔	✔✔	✔✔✔

POUR MAÎTRES EXPÉRIMENTÉS/SPÉCIALISTES

RACE	PAGE	MAISON	FORME	SOINS
Airedale Terrier	29	✓✓✓	✓✓✓	✓✓
Akita Inu	31	✓✓✓	✓	✓
Berger allemand	39	✓✓	✓✓✓	✓
Berger de Beauce	42	✓	✓✓✓	✓
Berger de Brie	43	✓	✓✓✓	✓✓✓
Border Collie	53	✓✓	✓✓✓	✓
Braque all. à poil court	65	✓✓	✓✓✓	✓
Chien d'arrêt allemand à poil dur	79	✓✓	✓✓	✓
Chow Chow	97	✓✓✓	✓	✓✓✓
Dobermann	108	✓✓✓	✓✓✓	✓
Dogue allemand	109	✓✓	✓	✓
Husky sibérien	134	non	✓✓✓	✓
Kuvasz	142	✓✓	✓	✓✓
Lévrier afghan	150	✓	✓✓✓	✓✓✓
Lévrier irlandais	151	✓✓	✓✓✓	✓
Malamute d'Alaska	154	non	✓✓✓	✓
Malinois	155	✓✓	✓✓✓	✓
Parson Jack Russell Terrier	160	✓✓✓	✓✓✓	✓
Rhodesian Ridgeback	177	✓✓✓	✓✓✓	✓✓
Rottweiler	178	✓✓	✓✓✓	✓
Saint-Bernard	180	non	✓	✓
Schnauzer géant	187	✓✓	✓✓✓	✓
Setter anglais	189	✓✓	✓✓✓	✓✓✓
Setter Gordon	190	✓✓	✓✓✓	✓✓
Setter irlandais	191	✓✓	✓✓✓	✓✓

Affenpinscher

Utilisation : si vous accordez plus d'importance au caractère du chien qu'à sa beauté, l'Affenpinscher est un bon choix. Vraisemblablement un croisement entre le Griffon bruxellois et le Pinscher à poil dur, il chassait à l'origine les rats et les souris.

Éducation : 🐾🐾
Ville : 🐾🐾🐾🐾🐾
Famille : 🐾🐾🐾🐾
Soins : 🐾🐾
Exercice : 🐾🐾

Caractère : chien très affectueux et fidèle. Bon chien de garde, parfois hostile envers les inconnus. Mal éduqué, il peut vite devenir tyrannique. Intelligent et robuste, il apprend facilement. Forte personnalité dans l'ensemble.

Environnement : en raison de sa taille, chien d'appartement idéal. Exige peu de soins, en dehors d'un léger toilettage. Se conduit bien avec les grands enfants, sous surveillance, mais ne doit pas être considéré comme un «jouet».

Maladies : chien robuste, rarement malade.

Convient aux : maîtres débutants.

RÉSUMÉ **Groupe 2/n° 186 :** *Pinschers et Schnauzers, molossoïdes, chiens de bouvier suisse* **Origine :** *Allemagne*
Taille : *25-30 cm* **Poids :** *4-6 kg* **Poil :** *dur, dense et fourni*
Couleur : *principalement noir, marques brunes ou grises autorisées*
Espérance de vie : *15 ans et plus* **Prix du chiot :** *environ 500 euros.*

Airedale Terrier

Ancien nom : *Bingley Terrier*
Utilisation : croisement entre l'Otter-hound, le Bull-terrier, le Setter Gordon et le Colley noir et feu. Son créateur, Wilfried Holmes, du comté du Yorkshire dans la vallée de l'Aire, a

Éducation : 🐾
Ville : 🐾🐾
Famille : 🐾🐾🐾🐾
Soins : 🐾🐾🐾
Exercice : 🐾🐾🐾🐾🐾

ainsi obtenu un chien polyvalent, fringant et robuste. Au cours des deux dernières guerres mondiales, celui-ci a servi de chien de secours et de signalisation.
Caractère : chien plein de tempérament, facile à éduquer, qui a soif d'apprendre, vigilant. Aptitudes de chien de défense. Peut « faire le clown » jusqu'à un âge avancé, à la grande joie de sa famille.
Environnement : souhaite participer et a besoin de tâches qu'il aura plaisir à résoudre. Excellent partenaire en sport canin s'il est éduqué en douceur. Doit être épilé tous les trois mois.
Maladies : DH, parfois des tremblements musculaires.
Convient aux : maîtres expérimentés.

RÉSUMÉ **Groupe 3/n° 7 :** *Terriers* **Origine :** *Grande-Bretagne* **Taille :** *M 58-61 cm, F 56-59 cm* **Poids :** *environ 20 kg* **Poil :** *dur, dense et «fil de fer»* **Couleur :** *feu avec manteau, cou et dessus de la queue noirs ou grisonnés* **Espérance de vie :** *jusqu'à 15 ans* **Prix du chiot :** *environ 700 euros.*

Akbash

Utilisation : l'Akbash est l'un des plus beaux et des plus anciens chiens de protection de troupeau. Sa constitution équilibrée et harmonieuse et son poil dense d'un blanc pur le font paraître très élégant. Il est toujours utilisé à l'ouest d'Ankara pour protéger les troupeaux. Il serait l'ancêtre de tous les chiens blancs de protection de troupeau en Europe. Aux États-Unis, il est toujours volontiers employé comme tel.

Éducation : 🐾 🐾 🐾
Ville : non
Famille : 🐾
Soins : 🐾 🐾
Exercice : 🐾 🐾 🐾

Caractère : travaille et agit indépendamment, comme tous les chiens de ce type. N'obéit plus aux ordres dans le feu de l'action. Tout membre de sa meute est assuré d'une totale protection.

Environnement : en raison de ses qualités de chiens de troupeau, ne fait pas un bon chien de compagnie.

Maladies : habituellement très vif et résistant.

Convient aux : spécialistes absolus.

RÉSUMÉ **FCI :** *non reconnu* **Origine :** *Turquie* **Taille :** *M 76-86 cm, F 71-81 cm* **Poids :** *M env. 54 kg, F environ 41 kg* **Poil :** *double, moyen ou long* **Couleur :** *blanc pur* **Espérance de vie :** *environ 8 ans et plus* **Prix du chiot :** *négocié par les bergers.*

Akita Inu

Utilisation : la préfecture d'Akita au Japon reste le centre de l'élevage de ce chien. Sa trace remonte à 5 000 ans au Japon. Vers 1900, l'Akita était surtout utilisé comme chien de chasse et de travail. Aujourd'hui, la chasse demeure sa passion.

Éducation : 🐾 🐾 🐾
Ville : 🐾 🐾
Famille : 🐾 🐾
Soins : 🐾 🐾 🐾
Exercice : 🐾 🐾

Caractère : fier, souvent opiniâtre. A absolument besoin de liens familiaux étroits, qui le rendent digne et calme. Se rebelle contre les méthodes éducatives violentes. Tendance à être dominant.

Environnement : uniquement un chien de compagnie aujourd'hui. Toutefois, n'est pas complètement docile. À cause de sa passion pour la chasse et de son comportement problématique, il doit être bien contrôlé en présence de chiens de même sexe. J'apprécie et connais bien les chiens, et l'Akita Inu que j'ai eu a été pour moi l'un de mes chiens les plus merveilleux.

Maladies : DH, problèmes cutanés et pileux, troubles immunitaires, épilepsie, atrophie rétinienne progressive.

Convient aux : maîtres expérimentés.

RÉSUMÉ **Groupe 5/N° 255 :** *chiens de type Spitz et de type primitif* **Origine :** *Japon* **Taille :** *M 67 cm, F 61 cm, respectivement ± 3 cm* **Poids :** *30-40 kg* **Poil :** *moyen, dense, avec sous-poil* **Couleur :** *rouge, blanc, sésame, bringé* **Espérance de vie :** *jusqu'à 14 ans* **Prix du chiot :** *à partir de 1 000 euros.*

American Staffordshire Terrier

Utilisation : ce chien est arrivé en Amérique avec des émigrants britanniques sous le nom de Staffordshire Bull Terrier. Il a été baptisé différemment par la suite. Il est utilisé pour des combats interdits, en Amérique et ailleurs, sous le nom de Pit Bull Terrier (*pit* est l'arène de combat de chiens).

Éducation : 🐾🐾
Ville : non
Famille : 🐾🐾
Soins : 🐾
Exercice : 🐾🐾🐾🐾🐾

Caractère : comme toutes les races de chiens de combat, celui-ci, s'il provient d'éleveurs responsables affiliés à l'American Kennel Club, est sans danger pour l'homme. Plein de tempérament, mais docile.

Environnement : une socialisation suffisante au contact d'autres chiens et animaux à un âge précoce est absolument indispensable. Plein d'assurance, ce chien doit être éduqué avec fermeté mais sans violence.

Maladies : dysplasie de la hanche (DH).

Important : tenir compte de la législation sur les chiens d'attaque (→ voir page 16).

RÉSUMÉ **Groupe 3/N° 286 :** *Terriers* **Origine :** *États-Unis*
Taille : *M 46-48 cm, F 43-46 cm* **Poids** *17-20 kg* **Poil :** *ras*
Couleur : *toutes les couleurs, blanc à plus de 80 %, noir et feu et marron foie non souhaités* **Espérance de vie :** *jusqu'à 15 ans*
Prix du chiot : *environ 800 euros.*

Azawakh

Utilisation : ce chasseur rapide et autonome est utilisé par les Touaregs nomades du sud du Sahara pour chasser, mais aussi comme gardien de troupeaux. Son origine est tout aussi inconnue que celle des mystérieux Touaregs.

Éducation : 🐾🐾🐾🐾
Ville : non
Famille : 🐾🐾
Soins : 🐾
Exercice : 🐾🐾🐾🐾🐾

Caractère : très vivant et encore d'une sauvagerie primitive. Réservé en général, mais quiconque lui donne son affection en sera aimé pour toujours.

Environnement : doté de toutes les qualités du Lévrier, il a besoin de beaucoup d'exercice approprié. S'il peut en faire quotidiennement, il s'adapte bien à la maison. Des erreurs d'éducation peuvent le perturber psychiquement. Une rigueur avisée, de la patience et de l'affection sont essentiels.

Maladies : avec des soins appropriés, ce chien est rarement malade.

Convient aux : spécialistes.

RÉSUMÉ **Groupe 10/n° 307 :** *Lévriers*   **Origine :** *Mali (France)*
Taille : *M 64-74 cm, F 60-70 cm*   **Poids :** *M 20-25 kg, F 15-20 kg*
Poil : *court et fin*   **Couleur :** *sable clair à fauve foncé, en passant par le jaune et le rouge, marques blanches et masque noir autorisés*
Espérance de vie : *10-12 ans*   **Prix du chiot :** *environ 1 000 euros.*

Barzoï

Autres noms : *Barsaïa, Lévrier de chasse russe, Russkaya Psovaya Borzaya*

Utilisation : des chiens semblables au Barzoï étaient semblent-ils déjà élevés par les Tartares. Aux XIVe et XVe siècles, d'immenses meutes étaient utilisées pour chasser le loup et d'autres gibiers.

Éducation : 🐾 🐾 🐾 🐾
Ville : non
Famille : 🐾 🐾
Soins : 🐾 🐾
Exercice : 🐾 🐾 🐾 🐾 🐾

Caractère : d'un flegme empreint de fierté et réservé. Ce chien élégant a besoin de contacts étroits avec l'homme et se montre agréable et doux en sa présence. Il sera éduqué avec rigueur et patience, et uniquement sans violence, comme tous les Lévriers.

Environnement : comme le Barzoï chasse librement sans pitié, lui faire faire de l'exercice de manière contrôlée demande beaucoup de temps. S'il manque d'exercice, il végète.

Maladies : en dehors de la torsion de l'estomac, en général entre deux et six ans, et d'affections osseuses d'origine métabolique, de rares maladies.

Convient aux : maîtres expérimentés.

RÉSUMÉ **Groupe 10/n° 193 :** *Lévriers* **Origine :** *Russie* **Taille :** *M 70-82 cm, F 65-77 cm* **Poids :** *35-48 kg* **Poil :** *plat ou ondulé* **Couleur :** *blanc, doré, noir, charbonné, gris, bringé, tacheté sur fond blanc* **Espérance de vie :** *10-12 ans* **Prix du chiot :** *800 euros.*

Basenji

Utilisation : des représentations égyptiennes ont montré qu'il y a 4 000 ans, les pharaons possédaient des chiens ressemblant au Basenji. Le Basenji a pour origine les chiens dits primitifs du Congo et du Soudan. Comme il

Éducation : 🐾🐾🐾🐾
Ville : 🐾🐾
Famille : 🐾🐾
Soins : 🐾
Exercice : 🐾🐾🐾🐾🐾

s'agit de chiens d'un type unique, ils ont été reconnus à part entière, celle du Basenji, un chien de chasse.

Caractère : n'aboie pas, mais émet des vocalisations rappelant celles des Tyroliens, qui ne sonnent pas agressivement. Fait sa toilette comme un chat et n'a pas d'odeur. Intelligent, discret et joueur. Instinct de chasse très prononcé.

Environnement : a besoin de contacts affectueux avec son maître, qui doit l'éduquer très patiemment, car il n'est pas très docile.

Maladies : problèmes oculaires, anémie, calculs rénaux, troubles du métabolisme, allergies aux produits chimiques. Les femelles n'ont des chaleurs qu'une fois par an.

Convient aux : maîtres expérimentés.

RÉSUMÉ **Groupe 5/n° 43 :** *chiens de type Spitz et de type primitif* **Origine :** *Afrique centrale (GB)* **Taille :** *40-43 cm* **Poids :** *9-11 kg* **Poil :** *court, soyeux* **Couleur :** *fauve et blanc, noir et blanc, noir, blanc et feu (tricolore), bringé* **Espérance de vie :** *environ 13 ans* **Prix du chiot :** *environ 1 000 euros.*

Basset Hound

Utilisation : était à l'origine utilisé pour chasser dans les taillis presque impénétrables. Son anatomie a été accentuée par l'élevage il y a longtemps, de sorte que ce chien au caractère si merveilleux est souvent caricaturé par des dessinateurs. Toutefois, un élevage raisonné semble peu à peu s'instaurer.

Éducation : 🐾🐾🐾
Ville : 🐾
Famille : 🐾
Soins : 🐾🐾
Exercice : 🐾🐾

Caractère : indépendant et fier, pour cette même raison parfois qualifié d'entêté. Affectueux, très fidèle, patient avec les enfants et amical envers les autres chiens et animaux.

Environnement : en raison de ses caractéristiques physiques, n'aime pas particulièrement courir. Éduqué avec constance et patience, s'avère un chien familial utile, ayant toutefois besoin d'attention.

Maladies : l'anatomie du chien, résultant de l'élevage, entraîne de nombreux problèmes articulaires et osseux, et bien d'autres affections encore. Il faut espérer que l'élevage remédiera aux problèmes de ce chien magnifique.

Convient aux : maîtres débutants.

RÉSUMÉ **Groupe 6/n° 163 :** *chiens courants et de recherche au sang* **Origine :** *Grande-Bretagne* **Taille :** *33-38 cm* **Poids :** *18-25 kg* **Poil :** *court, lisse, dense* **Couleur :** *toute couleur de chien courant est admise* **Espérance de vie :** *8-12 ans* **Prix du chiot :** *environ 800 euros.*

Beagle

Utilisation : le Beagle, l'un des chiens courants les plus anciens, était surtout utilisé en meutes pour chasser le lièvre. Sa trace remonte au XIVᵉ siècle. Le chasseur chasse à pied avec ce chien, et non à cheval, comme avec les plus gros chiens de meute.

Éducation : 🐾 🐾 🐾
Ville : 🐾 🐾
Famille : 🐾 🐾
Soins : 🐾
Exercice : 🐾 🐾 🐾 🐾

Caractère : très adaptable. Amical envers l'homme et les autres chiens. S'entend bien avec les enfants. Difficile à diriger en raison de son comportement de chasseur et de chien de meute, n'est donc pas un chien familial idéal.

Environnement : le Beagle doit être éduqué tôt, sinon il devient trop indépendant. Chien difficile à tenir car à cause de son bon flair, il suit toutes les pistes et est très vorace. Seul, il est rarement heureux.

Maladies : cataracte, glaucome, atrophie rétinienne progressive ; problèmes de disques intervertébraux.

Convient aux : maîtres débutants.

RÉSUMÉ **Groupe 6/nº 161 :** *chiens courants et de recherche au sang* **Origine :** *Grande-Bretagne* **Taille :** *33-40 cm* **Poids :** *18-25 kg* **Poil :** *court, lisse, dense, pas trop fin* **Couleur :** *orange, blanc, noir, feu, tricolore* **Espérance de vie :** *12-15 ans* **Prix du chiot :** *environ 700 euros.*

Bedlington Terrier

Utilisation : à l'origine, ce chien était utilisé par les mineurs anglais de la région de Bedlington pour combattre les rats. Il serait issu des différentes races suivantes : du Bull-terrier, du Terrier à poil dur, du Greyhound, du Chien de loutre et du Bulldog. Aujourd'hui, il n'est plus qu'un simple chien de compagnie et d'exposition.

Éducation : 🐾🐾
Ville : 🐾🐾🐾🐾🐾
Famille : 🐾🐾🐾
Soins : 🐾🐾🐾🐾🐾
Exercice : 🐾🐾🐾

Caractère : intrinsèquement, il reste un Terrier, car il est vigilant, vif, doté d'un instinct prédateur et si nécessaire, un rude combattant. Malheureusement, il est fréquemment nerveux et timide. Ces défauts sont à surveiller au moment de l'acquisition d'un chiot.

Environnement : il faut beaucoup l'occuper, et dès le plus jeune âge, le socialiser suffisamment. Il ne montre guère d'enthousiasme pour les enfants.

Maladies : peu de maladies en dehors de l'intoxication au cuivre et des affections de la thyroïde.

Convient aux : maîtres débutants.

RÉSUMÉ **Groupe 3/n° 9 :** *Terriers* **Origine :** *Grande-Bretagne*
Taille : *41 cm* **Poids :** *8-10,5 kg* **Poil :** *bouclé, fin, feutré*
Couleur : *blé, marron ou sable, avec ou sans feu* **Espérance de vie :** *jusqu' à 15 ans* **Prix du chiot :** *environ 800 euros.*

Berger allemand

Autre nom : *Deutscher Schäferhund*
Utilisation : aucun autre chien ne rend autant de services exceptionnels : il peut être chien de garde, guide d'aveugle, chien pour handicapé, sauveteur en montagne ou chien policier.

Éducation : 🐾
Ville : 🐾🐾
Famille : 🐾🐾🐾🐾
Soins : 🐾🐾
Exercice : 🐾🐾🐾🐾🐾

Utile dans l'armée, ou pour rechercher de la drogue, des explosifs ou des personnes décédées, il ne peut être remplacé par aucun dispositif technique.

Caractère : issu d'un bon élevage, bien socialisé et éduqué avec intelligence, sans violence, il sera un chien familial équilibré et fiable. Sa vigilance et son instinct de protection sont innés.

Environnement : a besoin quotidiennement d'activités lui permettant de se dépenser, mais aussi d'exercer son intelligence.

Maladies : DH, différentes affections articulaires, affections oculaires, allergies.

Convient aux : maîtres expérimentés.

RÉSUMÉ **Groupe 1/n° 166 :** *Chiens de berger et de bouvier*
Origine : *Allemagne* **Taille :** *55-65 cm* **Poids :** *28-35 kg* **Poil :** *double, poil de couverture imperméable et sous-poil* **Couleur :** *manteau et masque noir, avec des marques brunes, jaunes ou grises, noir ou gris loup uniforme ou avec des marques brunes*
Espérance de vie : *12-14 ans* **Prix du chiot :** *500 à 600 euros.*

Berger australien

Autre nom : *Australian Shepherd*

Utilisation : les bergers émigrés en Amérique des quatre coins du monde emmenèrent souvent leurs chiens avec eux. Des moutons arrivèrent d'Australie en compagnie de chiens au sang de dingo et de Colley. Ces derniers ont donné naissance au Berger australien.

Éducation : 🐾

Ville : 🐾🐾

Famille : 🐾🐾🐾🐾

Soins : 🐾🐾

Exercice : 🐾🐾🐾🐾🐾

Caractère : chien puissant, qui a une grande endurance et du caractère, appréciant l'être humain, patient et amical envers les autres animaux. Bon chien de garde, à l'instinct de protection inné. Apprend volontiers et facilement. N'a pas tendance à braconner.

Environnement : chien qui a du tempérament, aime travailler, a besoin de mouvement et de tâches à accomplir. S'il pratique suffisamment d'activités sportives, il fait un bon chien familial, disposé à l'obéissance, adaptable.

Maladies : dysplasie de la hanche et surdité chez les spécimens merle.

Convient aux : maîtres débutants.

RÉSUMÉ **Groupe 11/n° 342** : *race provisoirement acceptée*
Origine : *États-Unis* **Taille :** *M 50-57,5 cm, F 45-52,5 cm* **Poids :** *13-22 kg* **Poil :** *longueur moyenne, fourni* **Couleur :** *bleu merle, rouge merle, rouge avec ou sans blanc et marques cuivrées*
Espérance de vie : *12-15 ans* **Prix du chiot :** *jusqu' à 800 euros.*

Berger blanc suisse

Anciens noms : *Berger blanc canadien ou américain*

Utilisation : vers 1898, il y avait dans la lignée de «Horand von Grafrath», le premier Berger allemand figurant dans le livre des origines allemand,

Éducation : 🐾
Ville : 🐾🐾
Famille : 🐾🐾🐾🐾
Soins : 🐾🐾
Exercice : 🐾🐾🐾🐾

quelques chiens blancs. Aux États-Unis, des éleveurs se spécialisèrent dans cette variété blanche. Celle-ci se répandit aussi en Suisse puis dans toute l'Europe.

Caractère : ses qualités naturelles sont presque identiques à celles du Berger allemand (→ voir page 39). Il est toutefois légèrement plus doux et sensible. Son instinct de combat et son potentiel agressif sont également moindres, ce qui est préférable pour un chien de compagnie. Son instinct de protection inné est suffisant et ne doit pas être encouragé davantage.

Environnement : peut être un chien sportif et un chien de compagnie. Éduqué avec rigueur, il est obéissant et docile.

Maladies : dysplasie de la hanche, allergies.

Convient aux : maîtres débutants.

RÉSUMÉ **Groupe 11/n° 347 :** *race provisoirement acceptée*
Origine : *Suisse* **Taille :** *au moins 56-66 cm* **Poids :** *27-39 kg*
Poil : *poil double de longueur moyenne ou long, avec sous-poil*
Couleur : *blanc* **Espérance de vie :** *environ 12 ans*
Prix du chiot : *environ 600 euros.*

Berger de Beauce

Autres noms : *Beauceron, Bas-Rouge*
Utilisation : très vieux chien de berger français, qui était aussi et reste un protecteur consciencieux des troupeaux. Au Moyen Âge, il était utilisé pour chasser le cochon sauvage. Durant la

Éducation :	🐾 🐾
Ville :	non
Famille :	🐾 🐾
Soins :	🐾
Exercice :	🐾 🐾 🐾 🐾 🐾

guerre, il aidait à transporter les blessés. Ses talents de policier et de chien douanier sont de plus en plus appréciés.
Caractère : chien solide, stable, doué d'une perspicacité et d'une propension à la défense innées. En raison de son excellente nature, il n'est cependant pas dangereux s'il est suffisamment socialisé et éduqué comme il convient.
Environnement : ce chien sûr de lui a aussi besoin de beaucoup d'activité, et sera particulièrement satisfait d'exercer son flair.
Maladies : DH. Le double ergot voulu par le standard de la race est inutile et peut le blesser (ergot → page 18).
Convient aux : maîtres expérimentés.

RÉSUMÉ Groupe 1/n° 44 : *chiens de berger et de bouvier*
Origine : *France* **Taille :** *M 65-70 cm, F 61-68 cm* **Poids :** *30-38 kg* **Poil :** *double* **Couleur :** *noir et rouge (Bas-Rouge à cause des pattes rouges)* **Espérance de vie :** *11-13 ans*
Prix du chiot : *environ 900 euros.*

Berger de Brie

Autre nom : *Briard*

Utilisation : l'un des plus anciens chiens de berger français, le Briard ne protège plus les troupeaux depuis longtemps. Ce n'est plus qu'un chien de compagnie. Il est en quelque sorte la version à poil long du Berger de Beauce (→ à gauche).

Éducation : 🐾 🐾 🐾
Ville : non
Famille : 🐾 🐾
Soins : 🐾 🐾 🐾 🐾 🐾
Exercice : 🐾 🐾 🐾 🐾 🐾

Caractère : il est doté d'un très fort tempérament, courageux et vigilant, mais souvent entêté.

Environnement : son instinct de chasse et son seuil d'excitation bas, souvent conditionné par l'élevage, rendent son comportement parfois difficile. Il doit être éduqué de façon rigoureuse, mais aussi avec doigté. Les activités proposées dans le cadre du sport canin lui sont absolument nécessaires, pour compenser son activité d'autrefois.

Maladies : chien en bonne santé. Toutefois, s'il reste accroché en faisant du sport par son double ergot inutile (→ page 18), il peut se blesser très gravement.

Convient aux : maîtres expérimentés.

RÉSUMÉ **Groupe 1/n° 113 :** *chiens de berger et de bouvier*
Origine : *France* **Taille :** *M 62-68 cm, F 56-64 cm* **Poids :** *environ 30 kg* **Poil :** *long, hirsute, légèrement ondulé, sous-poil dense* **Couleur :** *noir, gris, fauve, sans marques blanches*
Espérance de vie : *10-12 ans* **Prix du chiot :** *environ 800 euros.*

Berger de la Maremme et des Abruzzes

Utilisation : au XIIIe siècle, les Mongols importèrent des Dogues asiatiques en Europe. En Italie, ces animaux puissants furent croisés avec des chiens des Abruzzes et de la Maremme. Dès lors, les chiens blancs obtenus, conçus comme protecteurs de troupeau, défendirent les troupeaux contre les loups.

Éducation :	🐾 🐾
Ville :	non
Famille :	🐾 🐾 🐾
Soins :	🐾 🐾 🐾
Exercice :	🐾 🐾 🐾

Caractère : chien de protection de troupeau fier, qui prend seul ses décisions, amical et peu dérangeant en famille. Très docile et intelligent. Son instinct de défense peut poser problème.

Environnement : animal fait pour la vie à l'extérieur. Trop grand pour un appartement, même s'il apprécie les liens familiaux. Une maison mitoyenne avec un jardinet n'évitera pas les problèmes de comportement.

Maladies : DH, parfois également d'autres problèmes de squelette.

Convient aux : maîtres expérimentés.

RÉSUMÉ **Groupe 1/n° 201 :** *chiens de berger et de bouvier*
Origine : *Italie* **Taille :** *M 65-73 cm, F 60-68 cm* **Poids :** *environ 52 kg* **Poil :** *long, légèrement ondulé et assez dur, avec un sous-poil épais* **Couleur :** *blanc* **Espérance de vie :** *8-10 ans*
Prix du chiot : *environ 800 euros.*

Berger de Picardie

Autre nom : *Berger picard*
Utilisation : également un ancien chien de berger français, mais au poil plus dur, et très rare. Son origine est la même que celle du Berger de Brie et du Berger de Beauce (→ pages 42 et 43).

Éducation : 🐾🐾
Ville : 🐾
Famille : 🐾🐾🐾🐾
Soins : 🐾
Exercice : 🐾🐾🐾🐾🐾

Caractère : dans le cadre de liens familiaux étroits, le chien sera calme et équilibré. Se montre patient avec les enfants, mais réservé envers les inconnus. Vigilant sans être hargneux, c'est un gardien fiable. Rapide, agile et endurant dans la nature, il montre alors son vrai visage.

Environnement : compagnon idéal pour les personnes actives et excellent chien sportif. Autrefois autonome en tant que chien de berger, il a besoin de comprendre les raisons de ce qui lui est inculqué. Son comportement pose peu de problèmes.

Maladies : chien très robuste, rarement malade.

Convient aux : maîtres débutants.

RÉSUMÉ **Groupe 1/n° 176 :** *chiens de berger et de bouvier*
Origine : *France*   **Taille :** *M 60-65 cm, F 55-60 cm*   **Poids :** *28-35 kg*
Poil : *dur, imperméable*   **Couleur :** *gris, gris-noir, gris avec reflets noirs, gris-bleu, gris rougeâtre*   **Espérance de vie :** *10-12 ans et plus*   **Prix du chiot :** *environ 600 euros.*

Berger des Pyrénées

Utilisation : ce chien de berger léger et agile conduit depuis des siècles les troupeaux au sein des Pyrénées, en les protégeant contre les loups.

Caractère : très fidèle, il n'obéit qu'à un seul maître. Incorruptible et vigilant. Parfois colérique et pas très facile à éduquer. Son courage en fait aussi un chien de garde vigilant.

Éducation : 🐾 🐾 🐾
Ville : 🐾
Famille : 🐾 🐾 🐾
Soins : 🐾
Exercice : 🐾 🐾 🐾 🐾 🐾

Environnement : privé d'assez de travail, ce chien énergique, vivant et fier est perturbé et hyperactif. Alors même que vous pensez qu'il s'est suffisamment dépensé, recommencez tout, pour sa plus grande satisfaction de votre chien. Le poil de ce chien ne nécessite qu'un bon brossage de temps à autre.

Maladies : chien doté d'une bonne énergie.

Convient aux : maîtres débutants.

RÉSUMÉ Groupe 1/n° 141 : *chiens de berger et de bouvier*
Origine : *France* **Taille :** *40-46 cm* **Poids :** *8-12 kg* **Poil :** *long et dur, très épais et légèrement ondulé* **Couleur :** *sable à brun-roux, noir ou gris, arlequin* **Espérance de vie :** *12-14 ans*
Prix du chiot : *environ 800 euros.*

Berger des Shetland

Autre nom : *Shetland Sheepdog*
Utilisation : ce chien n'est pas simplement un Colley de petite taille. Il est issu d'un croisement de petits chiens de ferme des Shetland, d'Épagneuls nains, de Papillons et de Spitz nains. Il est originaire des îles Shetland et plus populaire que le Colley aux États-Unis.

Éducation : 🐾🐾
Ville : 🐾🐾🐾🐾
Famille : 🐾🐾🐾🐾
Soins : 🐾🐾🐾🐾
Exercice : 🐾🐾🐾🐾

Caractère : a du tempérament. Intelligent. Issu de mauvais élevages, il sera nerveux et présentera des défauts de caractère. Sa propension à aboyer doit être tempérée précocement par l'éducation.
Environnement : son dressage exige du doigté, car il est très sensible. Les maîtres coléreux et impulsifs le font souffrir. Chien idéalement adapté à la pratique d'un sport canin ou de l'agility.
Maladies : épilepsie, surdité chez le bleu merle (→ voir page 18), affections cardiaques.
Convient aux : maîtres débutants.

RÉSUMÉ **Groupe 1/n° 88 :** *chiens de berger et de bouvier*
Origine : *Grande-Bretagne* **Taille :** *35-37 cm* **Poids :** *6-7 kg*
Poil : *poil de couverture long et dur, sous-poil doux* **Couleur :** *zibeline, tricolore, bleu merle, noir, noir avec marques blanches*
Espérance de vie : *10-15 ans* **Prix du chiot :** *environ 800 euros.*

Bichon à poil frisé

Utilisation : ce chien appartient comme de nombreux autres Bichons aux races naines françaises, dont la provenance est mal connue et qui sont difficiles à distinguer pour le profane. Des Bichons étaient déjà représentés

Éducation : 🐾
Ville : 🐾🐾🐾🐾🐾
Famille : 🐾🐾🐾
Soins : 🐾🐾🐾🐾🐾
Exercice : 🐾🐾🐾

sur des tableaux du Moyen Âge, en compagnie de dames de la noblesse. Pendant des siècles, ils servaient à réchauffer les lits de la haute société. Dans les années 1970, la race est brusquement réapparue et est aujourd'hui de mieux en mieux connue.

Caractère : chien charmant, affectueux, enjoué et joueur. Il est vigilant, sans trop aboyer. Préfère éviter les jeunes enfants. Très adaptable et disposé à l'obéissance.

Environnement : chien d'appartement idéal, qui aime aussi se promener. Ses soins exigent beaucoup de temps.

Maladies : luxation de la rotule, distichiasis (double rangée de cils), parfois épilepsie.

Convient aux : maîtres débutants.

RÉSUMÉ **Groupe 9/n° 215 :** *chiens d'agrément et de compagnie*
Origine : *France/Belgique* **Taille :** *max. 30 cm* **Poids :** *3-6 kg*
Poil : *sous-poil doux et dense et poil de couverture plus épais,*
légèrement frisé **Couleur :** *blanc pur* **Espérance de vie :**
jusqu' à 17 ans **Prix du chiot :** *environ 900 euros.*

Bichon bolonais

Autre nom : *Bolognese*
Utilisation : ce Bichon provenant d'Italie existait déjà sous cette forme dans l'Antiquité. La ville de Bologne, au nord de l'Italie, lui a donné son nom et il a été décrit pour la première fois au XIIIe siècle. Il était le chien favori des ducs de Médicis. La tsarine Catherine, l'impératrice Marie-Thérèse et la marquise de Pompadour, notamment, ont adoré cette petite « houppe » remuante. Il réjouit d'ailleurs tout un chacun par sa seule présence.
Caractère : chien joyeux et vivant, facétieux et intelligent. N'aboie pas constamment, mais néanmoins vigilant et très adaptable.
Environnement : n'a pas un besoin excessif de mouvement, mais apprécie les promenades assez longues. Ne braconne pas.
Maladies : peu fréquentes.
Convient aux : maîtres débutants.

Éducation : 🐾
Ville : 🐾🐾🐾🐾🐾
Famille : 🐾🐾🐾🐾
Soins : 🐾🐾🐾🐾
Exercice : 🐾🐾

RÉSUMÉ **Groupe 9/n° 196 :** *chiens de compagnie et d'agrément*
Origine : *Italie* **Taille :** *25-30 cm* **Poids :** *2,5-4 kg* **Poil :** *long, souple, bouclé* **Couleur :** *blanc pur* **Espérance de vie :** *plus de 10 ans* **Prix du chiot :** *environ 900 euros.*

Bichon havanais

Autres noms : *Havanais,*
Chien de soie de La Havane

Éducation : 🐾
Ville : 🐾🐾🐾🐾🐾
Famille : 🐾🐾🐾🐾
Soins : 🐾🐾🐾
Exercice : 🐾🐾🐾

Utilisation : ce chien fait partie du groupe des Bichons et donc des chiens de manchon les plus anciens, dont on a trouvé des momies dans des tombeaux égyptiens. En Méditerranée occcidentale, il est très répandu.

Caractère : les amateurs sont enthousiasmés par sa gaieté de jeune chiot, qu'il conserve jusqu'à un âge avancé. Le Bichon havanais fait le pitre pour être au centre de l'attention. Il n'a pas d'odeur et ne perd pas ses poils.

Environnement : convient autant aux personnes seules qu'aux familles avec des enfants. Doit avoir la possibilité de nager en été. Les promenades normales suffisent. Apprendre des tours le passionne.

Maladies : rarement malade.

Convient aux : maîtres débutants.

RÉSUMÉ **Groupe 9/n° 250 :** *chiens d'agrément et de compagnie*
Origine : *Méditerranée occidentale* **Taille :** *20-28 cm* **Poids :** *6 kg*
Poil : *long, soyeux, légèrement ondulé* **Couleur :** *blanc, crème,*
gris, doré, toutes nuances de brun avec ou sans taches blanches
Espérance de vie : *14-16 ans* **Prix du chiot :** *environ 1 000 euros.*

Bichon maltais

Autre nom : *Maltese*

Éducation : 🐾🐾
Ville : 🐾🐾🐾🐾🐾
Famille : 🐾🐾🐾🐾🐾
Soins : 🐾🐾🐾🐾🐾
Exercice : 🐾🐾🐾

Utilisation : cette race de chien existait déjà dans la Rome et la Grèce antiques, et compte parmi les plus anciennes. Plus tard, elle fut présente à la cour des rois de France, comme chien de manchon qui faisaient aussi office de «bouillotte» la nuit. Le Bichon maltais est le plus connu et le plus apprécié des bichons.

Caractère : chien intelligent, éveillé et docile, toujours sur les traces de son maître. Vigilant, mais n'aboie pas incessamment.

Environnement : aime se promener, et ne pose pas de problème en général. Son superbe poil, très long et dense, doit régulièrement faire l'objet de longs soins.

Maladies : problèmes dentaires, luxation de la rotule, surdité, cécité, monorchidie (un seul testicule).

Convient aux : maîtres débutants.

RÉSUMÉ **Groupe 9/n° 65 :** *chiens d'agrément et de compagnie*
Origine : *Italie* **Taille :** *20-25 cm* **Poids :** *1,8-3 kg* **Poil :** *long, soyeux, fourni* **Couleur :** *blanc pur, ton ivoire clair admis*
Espérance de vie : *environ 13 ans* **Prix du chiot :** *700 à 1 000 euros.*

Bobtail

Autre nom : *Chien de berger anglais ancestral*

Utilisation : il était autrefois un chien de conduite de troupeau au poil abondant, robuste et fier. Il est aujourd'hui exposé, en étant poudré, avec un poil abondant sur l'arrière-main.

Éducation : 🐾🐾
Ville : 🐾
Famille : 🐾🐾🐾
Soins : 🐾🐾🐾🐾🐾
Exercice : 🐾🐾🐾🐾

Caractère : chien vivant, intelligent et joyeux, d'une nature merveilleusement équilibrée lorsqu'il provient d'un bon élevage. Peut aussi être entêté, c'est pourquoi il doit être éduqué précocement et soigneusement, avec amour et patience.

Environnement : même si vous êtes très soigneux et disposez de temps, vous ne pourrez empêcher son poil de s'emmêler. La plupart des propriétaires d'un Bobtail le tondent régulièrement, ce qui accroît énormément la qualité de vie de ce joyeux compagnon.

Maladies : DH, entropion, hernie ombilicale, surdité, maladies du sang.

Convient aux : maîtres expérimentés.

RÉSUMÉ **Groupe 1/n° 16 :** *chiens de berger et de bouvier*
Origine : *Grande-Bretagne* **Taille :** *56-58 cm* **Poids :** *30 kg*
Poil : *dense, souple, long* **Couleur :** *toutes les nuances de gris, bleu ou bleu merle, avec ou sans taches blanches* **Espérance de vie :** *10-15 ans* **Prix du chiot :** *environ 800 euros.*

Border Collie

Utilisation : le Border Collie provient de la frontière *(border)* entre l'Écosse et l'Angleterre. La façon dont il courbe l'échine en gardant les troupeaux de moutons est typique. Cette boule d'énergie peut aussi s'en occuper seul avec une grande intelligence.

Éducation : 🐾
Ville : non
Famille : 🐾🐾
Soins : 🐾🐾
Exercice : 🐾🐾🐾🐾🐾

Caractère : soumis, docile, affectueux et facile à contrôler. Son comportement protecteur et son instinct de travailleur, très prononcé, sont innés.

Environnement : même un sport aussi intensif que l'agility ne lui suffit pas, car il ne satisfait pas sa passion du travail et en particulier son intelligence. Un Border Collie adopté pour suivre la mode actuelle sera assurément malheureux. Ce chien magnifique est fait pour appartenir à un berger.

Maladies : atrophie rétinienne progressive, DH, épilepsie.

Convient aux : maîtres expérimentés.

RÉSUMÉ **Groupe 1/n° 297 :** *chiens de berger et de bouvier*
Origine : *Grande-Bretagne* **Taille :** *51-53 cm* **Poids :** *13-22 kg*
Poil : *imperméable, double, modérément long* **Couleur :** *noir et blanc, et bien d' autres couleurs, mais le blanc ne doit pas dominer*
Espérance de vie : *10-14 ans et plus* **Prix du chiot :** *environ 800 euros.*

Border Terrier

Utilisation : ce chien est issu du comté de Cumberland, à la frontière de l'Écosse. Il a été élevé comme Terrier de chasse, et délogeait de leur terrier les renards poursuivis par la meute. Il était assez robuste et rapide pour suivre la meute et les chasseurs à cheval.

Éducation : 🐾🐾
Ville : 🐾
Famille : 🐾🐾🐾🐾
Soins : 🐾🐾
Exercice : 🐾🐾🐾🐾🐾

Caractère : Terrier typique, à l'instinct prédateur, qui encore aujourd'hui ne craint aucun adversaire. Il est robuste, intelligent et apprend vite. Il apprécie les enfants s'ils le traitent bien. Il aime le mouvement et le sport et est en général amical envers ses congénères.

Environnement : mal éduqué, il peut être très pénible. Non tenu en laisse, il doit être parfaitement contrôlé, car il braconne volontiers. Le voir pratiquer le saut d'obstacle en agility est impressionnant !

Maladies : rarement, problèmes cardiaques, DH et ARP.

Convient aux : maîtres débutants.

RÉSUMÉ **Groupe 3/n° 10 :** *Terriers* **Origine :** *Grande-Bretagne* **Taille :** *environ 33 cm* **Poids :** *5,1-7,1 kg* **Poil :** *dur, avec un sous-poil dense, serré* **Couleur :** *roux, blé, gris, feu, bleu* **Espérance de vie :** *jusqu' à 15 ans* **Prix du chiot :** *environ 800 euros.*

Bouledogue américain

Utilisation : les colons britanniques importèrent les Bouledogues anglais en Amérique. Les fermiers développèrent à partir de celui-ci, en l'absence de standard unifié, et en croisant différentes races un chien de protection

Éducation : 🐾 🐾
Ville : 🐾 🐾
Famille : 🐾 🐾 🐾 🐾
Soins : 🐾
Exercice : 🐾 🐾

fiable, qui protégeait l'étable et le bétail et aidait à conduire les bêtes.

Caractère : chien familial robuste et discret. Il est quelque peu entêté, mais néanmoins facile à éduquer. Très vigilant, sans agressivité particulière.

Environnement : apprécie un terrain et une maison à son échelle, où il veille sur un cheptel, qu'il peut surveiller seul. Est équilibré s'il peut se dépenser assez, sans pratiquer de jeux agressifs.

Maladies : dysplasie de la hanche (DH), malformations osseuses, problèmes articulaires. En cas de lignée d'un blanc pur, possibilité de surdité ou de cécité partielle ou totale.

Convient aux : maîtres expérimentés.

RÉSUMÉ **FCI :** *non reconnu* **Origine :** *États-Unis* **Taille :** *M 58-71 cm, F 51-61 cm* **Poids :** *M 41-68 kg, F 32-59 kg* **Poil :** *ras* **Couleur :** *uniformément blanc, rouge tacheté, brun, crème, bringé sur fond blanc* **Espérance de vie :** *12 ans et plus* **Prix du chiot :** *environ 500 euros.*

Bouledogue français

Utilisation : le Bouledogue français a été créé en France à partir de Bouledogues anglais nains croisés avec des Griffons et des Terriers. Il a d'abord été un chien des classes populaires.

Éducation : 🐾
Ville : 🐾🐾🐾🐾
Famille : 🐾🐾🐾🐾🐾
Soins : 🐾
Exercice : 🐾🐾

Caractère : chien docile, câlin, doux, toujours drôle et de caractère facile. A besoin de contacts étroits avec l'homme et aime être au centre de l'attention.

Environnement : n'a pas besoin de longues promenades, mais aime se sentir utile.

Maladies : appartient en raison d'une série de modifications anatomiques aux races qui souffrent des standards qui leur sont imposés : les naissances naturelles sont presque impossibles (bassin trop étroit, tête du chiot trop grosse). En raison du nez trop court, le chien râle et ronfle. En outre, il supporte mal la chaleur et a des difficultés respiratoires.

Convient aux : maîtres débutants.

RÉSUMÉ **Groupe 9/n° 101 :** *chiens de compagnie et d' agrément*
Origine : *France* **Taille :** *environ 30 cm* **Poids :** *6-12 kg* **Poil :** *court, souple, luisant* **Couleur :** *fauve, bringé ou blanc avec des plages bringées* **Espérance de vie :** *12 ans et plus* **Prix du chiot :** *environ 900 euros.*

Bouvier australien

Autre nom : *Australian Cattle Dog*

Éducation : 🐾
Ville : non
Famille : 🐾🐾🐾
Soins : 🐾
Exercice : 🐾🐾🐾🐾🐾

Utilisation : très vite, les émigrants anglais constatèrent que leurs Colleys n'étaient pas assez résistants à la chaleur pour guider les immenses troupeaux sous la chaleur australienne. Ils croisèrent donc des Colleys bleu merle avec le dingo local, puis avec le Bull-terrier et le Dalmatien. Aucun chien n'est aussi résistant, robuste, agile et solide que le Bouvier australien.

Caractère : chien constamment attentif, doté d'un instinct de protection prononcé. Courageux, c'est un protecteur inconditionnel. Apprend facilement, mais a besoin d'un maître énergique.

Environnement : vit de préférence à l'air libre. En Australie, c'est un chien familial apprécié. Il veut travailler, jouer et faire du sport avec les membres de sa famille. Trop dorloté, il serait perturbé.

Maladies : atrophie rétinienne progressive et surdité occasionnelles.

RÉSUMÉ **Groupe 1/N° 287 :** *chiens de berger et de bouvier*
Origine : *Australie* **Taille :** *M 40-51 cm, F 43-48 cm* **Poids :** *16-22 kg* **Poil :** *court, dur* **Couleur :** *bleu ou rouge tacheté*
Espérance de vie : *9-12 ans* **Prix du chiot :** *800 euros.*

Bouvier bernois

Autre nom : *Berner Sennenhund*

Utilisation : issu de différentes races anciennes de chiens de ferme suisses, il surveillait la cour et tirait de petites charrettes chargées de pots à lait. Aujourd'hui c'est l'un des chiens de ferme les plus appréciés et les plus beaux.

Éducation : 🐾🐾
Ville : non
Famille : 🐾🐾🐾🐾
Soins : 🐾🐾🐾
Exercice : 🐾🐾

Caractère : doux, peu ouvert vis-à-vis des inconnus, gentil et fiable avec les enfants, vigilant et intelligent. Il n'a pas tendance à vagabonder et braconne rarement.

Environnement : aime être à l'air libre, fait aussi volontiers de longues promenades, mais n'aime pas courir. Ne supporte pas la chaleur. Doit recevoir précocement une éducation de base, qui suffira. Elle doit être rigoureuse, mais dénuée de toute violence.

Maladies : DH, ARP, dysplasie du coude. Ne doit pas faire d'efforts trop importants lorsqu'il est jeune.

Convient aux : maîtres débutants.

RÉSUMÉ **Groupe 2/n° 45 :** *Pinschers et Schnauzers, molossoïdes, chiens de bouvier suisses* **Origine :** *Suisse* **Taille :** *M 64-70 cm, F : 58-66 cm* **Poids :** *M 36-48 kg, F 34-41 kg* **Poil :** *long, abondant, brillant* **Couleur :** *noir foncé avec des marques feu et des plages blanches sur la tête, le poitrail et les pattes* **Espérance de vie :** *8-12 ans* **Prix du chiot :** *environ 800 euros.*

Bouvier de l'Appenzell

Autre nom : *Appenzeller Sennenhund*
Utilisation : cette race de chiens de fermiers suisses convient presque à tous. C'est un chien de garde consciencieux, qui aboie peut-être trop. Il dirige les vaches depuis le pré,

Éducation : 🐾🐾
Ville : 🐾
Famille : 🐾🐾🐾🐾
Soins : 🐾
Exercice : 🐾🐾🐾🐾🐾

en mordant leurs pâturons, ce qu'il fait aussi par jeu, mais beaucoup plus gentiment en pinçant les mollets des enfants. En dehors des tâches classiques habituelles, il s'adonne volontiers à l'agility (naturellement en aboyant sans cesse), sautant les obstacles avec enthousiasme et habileté.

Caractère : alerte, vif, attentionné, doté d'une grande assurance. Ne peut rester inactif sans devenir nerveux.

Environnement : ne doit vivre qu'à la campagne. A besoin de tâches classiques, ou de la compagnie de personnes actives, entreprenantes.

Maladies : chien rarement malade.

Convient aux : maîtres débutants.

RÉSUMÉ **Groupe 2/N° 46 :** *Pinschers et Schnauzers, molossoïdes, chiens de bouvier suisses*   **Origine :** *Suisse*   **Taille :** *M 52-56 cm, F 50-54 cm*   **Poids :** *22-30 kg*   **Poil :** *moyen, dense, brillant*   **Couleur :** *noir, avec des marques brun rouille et blanches symétriques*   **Espérance de vie :** *jusqu'à 15 ans*   **Prix du chiot :** *environ 900 euros.*

Bouvier de l'Entlebuch

Autre nom : *Entlebucher Sennenhund*
Utilisation : il est originaire de deux vallées du canton de Lucerne, les vallées de l'Entlebuch et de l'Emme. C'est le chien de garde et de berger des fermiers suisses. En 1924, la race était

Éducation : 🐾 🐾
Ville : 🐾 🐾
Famille : 🐾 🐾
Soins : 🐾
Exercice : 🐾 🐾 🐾 🐾 🐾

presque éteinte et a pu être sauvée au dernier moment grâce à un certain M. Kobler, un éleveur suisse.
Caractère : attentif, attaché à un lieu, vigilant et courageux. Apprend vite. Lorsqu'il grandit avec des enfants, il les protège avec patience et de manière fiable.
Environnement : un chien très actif, qu'il faut occuper. Il peut pratiquer l'agility ou le canicross, mais ne convient qu'à des personnes qui se prennent elles-mêmes en main. L'occuper tout en lui permettant de se dépenser est indispensable à son bien-être.
Maladies : pas de maladies fréquentes.
Convient aux : maîtres débutants.

R É S U M É **Groupe 2/n° 47 :** *Pinschers et Schnauzers, molossoïdes, chien de bouvier suisses* **Origine :** *Suisse* **Taille :** *40-50 cm* **Poids :** *25-30 kg* **Poil :** *court, dense, couché, dur et brillant* **Couleur :** *noir avec des marques jaunes à brun-roux et blanches* **Espérance de vie :** *12-14 ans et plus* **Prix du chiot :** *environ 900 euros.*

Bouvier des Flandres

Utilisation : tout comme le Rottweiler en Allemagne (→ voir page 178), ce chien aidait à conduire le bétail dans les Flandres, tenait les voleurs à l'écart et tirait des charrettes, voire des barques sur les canaux. Ces conditions

Éducation : 🐾🐾
Ville : non
Famille : 🐾🐾🐾🐾
Soins : 🐾🐾🐾
Exercice : 🐾🐾🐾🐾🐾

très difficiles ont eu un effet positif sur sa nature actuelle. Il s'agit du dernier des chiens de bouviers belges, autrefois fréquents.

Caractère : aspect de « nounours » trompeur. Chien très mobile, mais aussi rapide, athlétique, courageux, et doté d'un fort instinct de protection. N'aboie que lorsque cela est nécessaire. Très sensible, il se souvient longtemps des injustices et des actes irrespectueux. Il est totalement heureux au sein de sa famille.

Environnement : il fait partie des races de chiens de service et d'utilité et doit être éduqué en conséquence. Doit avoir assez de place et suffisamment d'activité. Prêt à tout pour sa famille.

Maladies : dysplasie de la hanche, torsion de l'estomac.

Convient aux : maîtres expérimentés rigoureux.

RÉSUMÉ **Groupe 1/n° 191 :** *chiens de berger et de bouvier*
Origine : *France/Belgique* **Taille :** *M 62-68 cm, F 59-65 cm*
Poids : *M 35-40 kg, F 27-35 kg* **Poil :** *ébouriffé* **Couleur :** *fauve ou gris, bringé ou charbonné, noir* **Espérance de vie :** *environ 12 ans* **Prix du chiot :** *environ 900 euros.*

Boxer

Utilisation : à l'origine utilisé pour chasser le sanglier ou l'ours, puis plus tard dans les combats d'animaux sous le nom de Bullenbeisser, ces chiens, appelés Boxers dès 1860, devinrent progressivement des chiens dits d'utilité.

Éducation : 🐾
Ville : 🐾🐾🐾🐾
Famille : 🐾🐾🐾🐾
Soins : 🐾🐾
Exercice : 🐾🐾🐾🐾🐾

Caractère : il est amical et étonnamment joueur, mais c'est un gardien sérieux lorsque cela est nécessaire. Fait preuve d'une patience illimitée avec les enfants. Il est prévisible, car sa face traduit bien ses émotions.

Environnement : éduqué avec affection et intelligence, il est très docile. Les sports canins lui conviennent bien. Sans activité, il peut poser problème.

Maladies : tumeurs malignes ou bénignes, spondylose héréditaire, cancers des glandes et des testicules, affections oculaires.

Convient aux : maîtres débutants.

RÉSUMÉ **Groupe 2/n° 144 :** *Pinschers et Schnauzers, molossoïdes, chiens de bouvier suisses* **Origine :** *Allemagne* **Taille :** *55-63 cm* **Poids :** *M 30-32 kg, F 24-25 kg* **Poil :** *court, serré, dense, brillant* **Couleur :** *fauve ou bringé, avec ou sans marques blanches* **Espérance de vie :** *8-9 ans, et plus* **Prix du chiot :** *environ 800 euros.*

Brachet autrichien

Utilisation : cette race fait partie des Braques autrichiens à poil lisse, qui semblent avoir quatre yeux du fait des taches feu présentes sur leurs sourcils. Autrefois, l'on pensait que ces chiens à quatre yeux abritaient de mauvais esprits. D'anciennes représentations et descriptions montrent que le Brachet autrichien a peu changé d'aspect depuis le XIVe siècle.

Éducation : 🐾 🐾
Ville : non
Famille : 🐾 🐾 🐾 🐾
Soins : 🐾
Exercice : 🐾 🐾 🐾 🐾 🐾

Caractère : chien de recherche au sang exceptionnel et robuste qui chasse en montagne, où son agilité sur les terrains rocheux et son aptitude au saut et à l'escalade sont requises. Il chasse en donnant de la voix, est un fin limier et a un instinct prédateur. Il est aussi à l'aise dans l'eau que sur le terrain.

Environnement : ce chien doit avoir un maître qui lui permette de satisfaire son instinct de chasseur.

Maladies : peu de maladies congénitales.

Convient aux : chasseurs passionnés.

RÉSUMÉ **Groupe 6/n° 63 :** *chiens courants et de recherche au sang* **Origine :** *Autriche* **Taille :** *48-54 cm* **Poids :** *20-22 kg* **Poil :** *lisse, couché, court* **Couleur :** *noir avec marques feu* **Espérance de vie :** *jusqu'à 12 ans et plus* **Prix du chiot :** *environ 500 euros.*

Brachet tyrolien

Utilisation : la race est légèrement plus petite que celle du Brachet autrichien (→ voir page 63). C'est un chien de recherche au sang exceptionnel en haute montagne. C'est un pisteur né, qui signale la piste d'un animal en aboyant. Il ne chassait que le lièvre et le renard. Il suit bruyamment les pistes toutes fraîches. En dehors de l'Allemagne et de l'Autriche, il est presque inconnu.

Éducation : 🐾
Ville : non
Famille : 🐾 🐾 🐾
Soins : 🐾
Exercice : 🐾 🐾 🐾 🐾 🐾

Caractère : chien de chasse très doué, qui s'adapte aussi à une famille et se montre affectueux. Paisible et équilibré s'il peut chasser.
Environnement : les éleveurs doivent veiller à ne confier leurs chiens qu'à des chasseurs. Le Brachet tyrolien ne doit pas être un simple chien de compagnie. Il serait affreusement malheureux.
Maladies : pas de maladie spécifique connue.
Convient aux : chasseurs.

RÉSUMÉ **Groupe 6/n° 68 :** *chiens courants et de recherche au sang* **Origine :** *Autriche* **Taille :** *42-50 cm* **Poids :** *18-20 kg* **Poil :** *court, lisse et serré* **Couleur :** *fauve, noir et feu, tricolore* **Espérance de vie :** *12-14 ans* **Prix du chiot :** *environ 500 euros.*

Braque allemand à poil court

Autre nom : *Deutsch Kurzhaar*

Utilisation : le Braque allemand à poil court, comme le Chien d'arrêt allemand à poil dur (→ voir page 79), est polyvalent. Son aspect élégant lui vient de ce qu'il est issu d'un Pointer anglais (→ voir page 169). Il fait partie des chiens de chasse allemands très répandus et très aimés à l'étranger, car il s'adapte à tous les climats.

Éducation : 🐾
Ville : non
Famille : 🐾🐾🐾
Soins : 🐾
Exercice : 🐾🐾🐾🐾

Caractère : chien de travail, plein de tempérament et nerveux, qui doit être bien éduqué. Apprend vite et peut être bien dressé. S'entend bien avec les enfants.

Environnement : aime avoir des contacts étroits avec son maître. Chien très vivant, qui ne s'intègre en famille que s'il a l'occasion de chasser et de se dépenser. Il ne pourra être exclusivement un chien de compagnie que s'il est occupé toute la journée.

Maladies : DH, entropion, inflammation des oreilles.

Convient aux : maîtres expérimentés.

RÉSUMÉ **Groupe 7/n° 119 :** *Chiens d'arrêt* **Origine :** *Allemagne* **Taille :** *M 58-65 cm, F 53-59 cm* **Poids :** *22-32 kg* **Poil :** *court, plat, légèrement dur* **Couleur :** *brun uniforme, marques ou plages blanches ou mouchetées, rouanné marron clair ou marron foncé avec ou sans plaques* **Espérance de vie :** *10-12 ans* **Prix du chiot :** *environ 500 euros.*

Braque de Weimar

Autre nom : *Weimaraner*

Utilisation : le Braque de Weimar est un chien de chasse remarquable, d'une couleur rare, qui aux XVIIIe et XIXe siècles était essentiellement utilisé pour la chasse dans la région de Weimar/Halle. C'est à la fois un limier, un chien d'arrêt et un rapporteur. Son travail après le tir est particulièrement apprécié. Il est aujourd'hui assez rare, car il n'est pas facile d'en faire un chien de compagnie.

Caractère : lorsqu'il est bien éduqué, il enrichit la vie de sa famille, qu'il aime et protège. Il est toutefois souvent atteint d'un potentiel agressif indésirable.

Environnement : doit être fermement pris en main et parfaitement éduqué à l'obéissance, faute de quoi il peut devenir dangereux pour son environnement. Il doit appartenir à un chasseur, car il est un peu trop rude pour n'être qu'un animal domestique.

Maladies : DH, infection de l'oreille, entropion.

Convient aux : chasseurs expérimentés.

Éducation : 🐾🐾🐾
Ville : 🐾
Famille : 🐾🐾
Soins : 🐾🐾
Exercice : 🐾🐾🐾🐾🐾

RÉSUMÉ **Groupe 7/n° 99 :** *chiens d'arrêt* **Origine :** *Allemagne* **Taille :** *57-70 cm* **Poids :** *environ 30 kg* **Poil :** *court, dense, fin, brillant ou poil long* **Couleur :** *gris souris, gris brunâtre, gris argenté* **Espérance de vie :** *12-13 ans* **Prix du chiot :** *600 à 800 euros.*

Braque hongrois à poil court

Autre nom : *Magyar Vizsla*

Éducation : 🐾
Ville : 🐾
Famille : 🐾 🐾 🐾 🐾
Soins : 🐾
Exercice : 🐾 🐾 🐾 🐾 🐾

Utilisation : chien d'arrêt magnifique et polyvalent, aussi caractéristique de la Hongrie que le Bouvier bernois l'est de la Suisse. Il a été créé au XVIIIᵉ siècle à partir de chiens de chasse turcs croisés avec des Pointers et des Braques allemands à poil court. Ce Braque est aujourd'hui un chien de chasse polyvalent.

Caractère : chien docile et très attaché à son maître, fidèle et intelligent. Il fait aussi un chien de compagnie calme et obéissant. Il supporte bien les enfants.

Environnement : chien de chasse talentueux qui peut aussi être un chien de compagnie, mais a absolument besoin d'un substitut à la chasse, faute de quoi il présente des problèmes psychiques. Les sports canins comme l'agility peuvent être pratiqués intensément sans problème.

Maladies : chien en bonne santé.

Convient aux : maîtres expérimentés.

RÉSUMÉ **Groupe 7/n° 57 :** *chiens d'arrêt* **Origine :** *Hongrie* **Taille :** *57-64 cm* **Poids :** *22-30 kg* **Poil :** *court, lisse, dense, étroitement appliqué, brillant, sans sous-poil* **Couleur :** *froment doré foncé* **Espérance de vie :** *14-15 ans* **Prix du chiot :** *environ 900 euros.*

Buhund norvégien

Autre nom : *Norsk Buhund*

Utilisation : sa mission était à l'origine de surveiller la maison et de mener paître le bétail. Le mot norvégien *bu* signifie d'ailleurs «appartement» ou «bétail». Ce chien de type Spitz démontrait son courage au cours de chasses à l'ours et au loup. Il fait partie du patrimoine culturel norvégien. En France, il est mal connu.

Éducation : 🐾🐾
Ville : non
Famille : 🐾🐾🐾🐾
Soins : 🐾
Exercice : 🐾🐾🐾🐾🐾

Caractère : vivant, facile à éduquer et amical envers l'homme. Fidèle. Apprécie les enfants.

Environnement : gardien consciencieux, il s'adonne activement à cette tâche et aboie bruyamment. A besoin de beaucoup d'activité et d'exercice, et se montre très endurant. Son maître doit avoir une bonne connaissance des chiens.

Maladies : pas de maladies spécifiques à la race.

Convient aux : maîtres expérimentés.

RÉSUMÉ **Groupe 5/n° 237 :** *chiens de type Spitz et de type primitif* **Origine :** *Norvège* **Taille :** *41-47 cm* **Poids :** *18 kg* **Poil :** *double, dense et rude* **Couleur :** *froment à rouge jaunâtre, masque foncé autorisé, uniformément noir, avec un collier, un poitrail et des pattes blanches* **Espérance de vie :** *environ 12 ans* **Prix du chiot :** *environ 800 euros.*

Bulldog

Autre nom : *Bouledogue anglais*

Utilisation : jusqu'à l'interdiction des combats d'animaux en 1835, le Bulldog avait la réputation d'être idéalement adapté pour combattre un taureau, car il est trapu, court sur pattes,

Éducation :	🐾 🐾 🐾 🐾
Ville :	🐾 🐾 🐾 🐾
Famille :	🐾 🐾 🐾 🐾
Soins :	🐾 🐾
Exercice :	🐾 🐾

a une nuque et des mâchoires très puissantes. Il est nettement prognathe et son nez est très en retrait, ce qui lui permettait de respirer tout en s'accrochant fermement au taureau avec les dents.

Caractère : aujourd'hui, ce chien est amical, fidèle, aime sa famille et se montre doux envers les enfants. Ne convient pas à des personnes qui le veulent très docile.

Environnement : aime les promenades conviviales. À la maison, il faut supporter son reniflement. Comme il a des difficultés respiratoires, il tolère particulièrement mal la chaleur.

Maladies : fissure palatine, syndrome du chiot nageur (chiot qui place ses membres sur le côté), DH, paralysie des membres antérieurs, maladies cutanées, rétrécissement des voies respiratoires.

Convient aux : maîtres débutants.

RÉSUMÉ **Groupe 2/n° 149 :** *Pinschers et Schnauzers, molossoïdes, chien de bouvier suisses* **Origine :** *Grande-Bretagne* **Taille :** *30-35 cm* **Poids :** *23-25 kg* **Poil :** *court, fin, brillant* **Couleur :** *toutes les couleurs, excepté noir et feu* **Espérance de vie :** *8- 10 ans* **Prix du chiot :** *environ 1 300 euros.*

Bullmastiff

Utilisation : durant la seconde moitié du XIXe siècle, les gardes-chasse de propriétaires terriens anglais utilisèrent des chiens issus du Mastiff et du Bulldog, les Bullmastiffs, pour combattre les braconniers. Parallèlement,

Éducation : 🐾 🐾 🐾
Ville : 🐾
Famille : 🐾 🐾 🐾 🐾
Soins : 🐾
Exercice : 🐾 🐾 🐾

ceux-ci surveillaient aussi les terres, mettant fin aux agissements des voleurs de bétail.

Caractère : chien de nature équilibrée, amical envers sa famille et patient envers les enfants. Indifférent envers les inconnus. N'a pas tendance à errer ni à braconner.

Environnement : tout comme le Dogue de Bordeaux (→ voir page 111), presque identique, il n'aime guère courir, mais apprécie les promenades. Il peut être éduqué si l'on fait preuve de fermeté, mais n'est pas particulièrement docile. Son instinct de protection ne doit pas être stimulé par l'activité sportive.

Maladies : DH, torsion de l'estomac, cancer, entropion.

Convient aux : maîtres expérimentés.

RÉSUMÉ **Groupe 2/n° 157 :** *Pinschers et Schnauzers, molossoïdes, chiens de bouvier suisses* **Origine :** *Grande-Bretagne* **Taille :** *61-68,5 cm* **Poids :** *40-50 kg* **Poil :** *court, dur lisse* **Couleur :** *rouge, fauve, bringé, masque foncé* **Espérance de vie :** *environ 10 ans* **Prix du chiot :** *environ 1 000 euros.*

Bull-terrier

Utilisation : vers 1860, l'Anglais Hinks obtint ce chien en croisant des Bull-dogs et des English White Terrier. L'objectif était d'obtenir un chien de combat léger, habile et destiné aux combats de chiens qui à l'époque pouvaient s'avérer très lucratifs.

Éducation : 🐾🐾🐾
Ville : 🐾
Famille : 🐾🐾
Soins : 🐾
Exercice : 🐾🐾🐾

Caractère : en principe, le Bull-terrier s'intègre aujourd'hui paisiblement à sa famille. Fier, il a tendance à la dominance. N'est pas toujours tolérant envers ses congénères.

Environnement : a besoin d'une socialisation précoce et d'être fermement éduqué.

Maladies : tendance à la hernie ombilicale, surdité chez les spécimens blancs, entropion, tendance aux tumeurs, aux affections cardiaques et circulatoires, DH.

Convient : au minimum à des maîtres expérimentés.

Important : informez-vous sur la législation relative aux chiens dangereux (→ voir page 16).

RÉSUMÉ **Groupe 3/n° 11 :** *Terriers* **Origine :** *Grande-Bretagne*
Taille : *environ 55 cm* **Poids :** *environ 30 kg* **Poil :** *dur, court, fin, brillant* **Couleur :** *toutes, excepté le bleu et le marron foie*
Espérance de vie : *environ 10 ans* **Prix du chiot :** *environ 800 euros.*

Cairn Terrier

Utilisation : le nom de ce chien est issu du mot gallois *cairn*, un monticule de pierres. En Écosse, les renards, les blaireaux et les loutres se dissimulent dans ces monticules. Pour pouvoir les chasser, il fallait un chien aussi intelligent et robuste que l'est le Cairn Terrier.

Éducation : 🐾🐾
Ville : 🐾🐾🐾🐾
Famille : 🐾🐾🐾🐾
Soins : 🐾🐾🐾
Exercice : 🐾🐾🐾🐾

Caractère : au cours des années, celui-ci est devenu un chien de compagnie déluré. Indépendant comme autrefois, mais non têtu, ce Terrier est resté un joyeux fonceur, qui apprend facilement, mais a besoin de fermeté. Il est vigilant, mais n'aboie pas.

Environnement : aime l'aventure, et explorer les chemins inconnus au cours des promenades. Il a besoin d'attention et aime résoudre des tâches qui sollicitent son intelligence. Tolère les enfants, l'essentiel étant qu'il puisse s'activer.

Maladies : glaucome, entropion.

Convient aux : maîtres débutants.

RÉSUMÉ **Groupe 3/n° 4 :** *Terriers* **Origine :** *Grande-Bretagne* **Taille :** *30 cm* **Poids :** *6 kg* **Poil :** *dur et imperméable, avec un sous-poil dense, doit être légèrement épilé* **Couleur :** *roux, crème, froment, gris ou presque noir, bringé* **Espérance de vie :** *jusqu' à 15 ans* **Prix du chiot :** *environ 800 euros.*

Caniche moyen

Utilisation : le Caniche fait partie des races de chiens les plus anciennes, car il est issu des chiens d'eau de jadis. Sur des tableaux de l'époque baroque et rococo, on peut le voir aux côtés de femmes de la noblesse. Il a longtemps dû être toiletté en «lion» selon les règles françaises. Ce n'est qu'à partir de 1950, lorsqu'un nouveau type de tonte s'imposa, que le Caniche moyen devint progressivement l'un des chiens favoris.

Éducation : 🐾
Ville : 🐾🐾🐾🐾🐾
Famille : 🐾🐾🐾🐾
Soins : 🐾🐾🐾🐾🐾
Exercice : 🐾🐾🐾

Caractère : intelligent, joyeux, conciliant et donc facile à éduquer. Il apprécie beaucoup les enfants bien élevés et délicats.

Environnement : si on l'éduque trop sévèrement ou fait preuve d'anthropomorphisme à son égard, il peut perturber toute une famille en devenant hystérique, têtu et névrosé.

Maladies : DH, épilepsie, problèmes de peau, tendance à la cataracte, atrophie rétinienne progressive.

Convient aux : débutants.

RÉSUMÉ **Groupe 9/n° 172 :** *chiens d'agrément et de compagnie*
Origine : *France* **Taille :** *35-45 cm* **Poids :** *12 kg* **Poil :** *double, abondant, laineux, très frisé* **Couleur :** *noir, blanc, marron, gris et abricot* **Espérance de vie :** *jusqu'à 15 ans et plus* **Prix du chiot :** *environ 600 euros.*

Caniche nain

Utilisation : les Caniches peuvent être de quatre tailles différentes (→ voir pages 73, 75 et 127). Des années 1950 aux années 1970, période où s'imposa un élevage massif, le Caniche nain fut

Éducation : 🐾
Ville : 🐾🐾🐾🐾🐾
Famille : 🐾🐾🐾🐾
Soins : 🐾🐾🐾🐾🐾
Exercice : 🐾🐾🐾

élevé à grande échelle, ce qui entraîna chez lui des problèmes psychiques. Aujourd'hui, il n'est plus autant à la mode, et se voit à nouveau confié à des éleveurs plus responsables.

Caractère : issu d'un bon élevage, ce chien est drôle, enjoué et extraordinairement intelligent. Il se réjouit lorsqu'on lui apprend quelque chose, et apprécie la compagnie de l'homme.

Environnement : en raison de sa petite taille, c'est un chien d'appartement idéal, qui ne perd pas ses poils s'il est épilé régulièrement. Il est propre et amical s'il a été socialisé correctement.

Maladies : épilepsie, problèmes cutanés, opacification du cristallin, atrophie rétinienne progressive.

Convient aux : maîtres débutants.

RÉSUMÉ **FCI-Groupe 9/n° 172 :** *chiens d'agrément et de compagnie* **Origine :** *France* **Taille :** *28-35 cm* **Poids :** *7 kg* **Poil :** *double, abondant, laineux et frisé* **Couleur :** *noir, blanc, châtaigne, gris et abricot* **Espérance de vie :** *14-17 ans* **Prix du chiot :** *800 à 900 euros.*

Caniche toy

Utilisation : le qualificatif « toy » signifie que ce chien est encore plus petit que la variété naine de cette race. Les Français imposèrent la reconnaissance de la race contre l'avis de onze pays membres de la FCI.

Éducation : 🐾
Ville : 🐾🐾🐾🐾🐾
Famille : 🐾🐾🐾
Soins : 🐾🐾🐾🐾🐾
Exercice : 🐾🐾🐾

Caractère/environnement : le Caniche toy doit avoir les mêmes caractéristiques que les souches de plus grande taille (→ voir pages 73, 74 et 127). Il souffre cependant de problèmes de santé plus nombreux liés à sa très petite taille. À l'achat, il faut veiller à choisir un élevage de qualité.

Maladies : gingivite, inflammation du conduit auditif, luxation de la rotule, lithiase urinaire ; problèmes de disques intervertébraux, convulsions, atrésie du canal nasolacrymal, microphtalmie, opacification du cristallin, malformations cardiaques et vasculaires.

Convient aux : maîtres débutants.

RÉSUMÉ **Groupe 9/n° 172 :** *chiens d'agrément et de compagnie*
Origine : *France* **Taille :** *25 cm* **Poids :** *moins de 5 kg* **Poil :** *doit être double, abondant, laineux et bien frisé* **Couleur :** *noir, blanc, marron, argenté, abricot* **Espérance de vie :** *plus de 10 ans* **Prix du chiot :** *jusqu'à 1 000 euros.*

Carlin

Utilisation : son origine se situe certainement en Chine. On retrouve sa trace au XVIIᵉ siècle en Europe. Depuis, il sautille en haletant et en ronflant dans nos maisons. C'est un chien d'appartement idéal. Il connaît un succès croissant.

Éducation : 🐾🐾
Ville : 🐾🐾🐾🐾🐾
Famille : 🐾🐾🐾🐾
Soins : 🐾🐾
Exercice : 🐾🐾🐾🐾

Caractère : il peut être calme mais aussi très turbulent et énergique. Joueur, amical et intelligent, facile à éduquer.

Environnement : son poil ne sent pas et il ne bave pas. Il a longtemps été considéré comme paresseux, sot et gras, car il est généralement dorloté. Avec des soins appropriés, il est toutefois adorable.

Maladies : malformation de la mâchoire, inflammation et ulcère de la cornée, palais trop mou (ronflement), collapsus trachéal, fausses couches.

Convient aux : maîtres débutants.

RÉSUMÉ **Groupe 9/n° 253 :** *chiens d'agrément et de compagnie*
Origine : *Grande-Bretagne* **Taille :** *25-30 cm* **Poids :** *6,3-8 kg*
Poil : *lisse, dense, brillant, souple* **Couleur :** *argenté, abricot, fauve clair, noir ; masque noir ; raie sur le dos et grains de beauté noirs sur le front et les joues* **Espérance de vie :** *12-14 ans*
Prix du chiot : *environ 700 euros.*

Cavalier King Charles Spaniel

Utilisation : ce chien est représenté sur des tableaux anciens, souvent aux côtés de dames de la noblesse. Il s'agissait du chien préféré des rois d'Angleterre, ce qu'indique aussi leur nom. La race ressemble à celle de l'Épagneul King Charles (→ voir page 117), avec un museau plus long et une taille un peu supérieure.

Éducation : 🐾
Ville : 🐾🐾🐾🐾🐾
Famille : 🐾🐾🐾🐾
Soins : 🐾🐾🐾
Exercice : 🐾🐾🐾

Caractère : chien amical, enjoué, joueur, agréable et appréciant la compagnie humaine. Joue également volontiers avec les enfants. Facile à éduquer. Amical envers les autres chiens.

Environnement : aime les longues promenades, mais se satisfait aussi de moins, s'il ne fait pas beau.

Maladies : les soins consciencieux des yeux, des oreilles et de la robe sont essentiels. À l'achat, faire attention aux maladies cardiaques congénitales et à la qualité de l'éleveur.

Convient aux : maîtres débutants.

RÉSUMÉ **Groupe 9/n° 136 :** *chiens d'agrément et de compagnie*
Origine : *Grande-Bretagne* **Taille :** *25-34 cm* **Poids :** *4,4-8,8 kg*
Poil : *souple, soyeux, long, très frangé* **Couleur :** *noir avec des marques feu, tricolore avec des marques châtaigne, blanc avec des plages châtaigne ou rouge jaunâtre* **Espérance de vie :** *jusqu'à 13 ans et plus* **Prix du chiot :** *environ 800 euros.*

Chesapeake Bay Retriever

Utilisation : un chien de chasse peu connu en France. Il est issu d'un croisement entre des Terre-Neuve, des chiens de chasse américains, des Water Spaniels et des Curly-Coated Retrievers. Il montre le meilleur de sa forme en chassant le canard dans l'eau froide. C'est avant tout un leveur et un rapporteur de gibier. Son poil huileux, qui repousse l'eau, le rend résistant à l'humidité.

Éducation : 🐾
Ville : 🐾
Famille : 🐾 🐾 🐾
Soins : 🐾 🐾
Exercice : 🐾 🐾 🐾 🐾 🐾

Caractère : stable, courageux et vif. Affectueux et fidèle vis-à-vis de son maître. Toutefois, ne sera pas un chien de compagnie idéal.

Environnement : cherche à avoir des liens étroits avec l'homme, mais ne veut pas être constamment à la maison. Il est dominant et c'est un bon chien de protection. A besoin d'une socialisation suffisante et précoce et d'une éducation ferme, mais affectueuse.

Maladies : atrophie rétinienne progressive, DH.

Convient aux : maîtres expérimentés.

RÉSUMÉ **Groupe 8/n° 263 :** *chiens rapporteurs de gibier, leveurs de gibier et chiens d' eau* **Origine :** *États-Unis* **Taille :** *53-66 cm* **Poids :** *25-36,5 kg* **Poil :** *court, imperméable, légèrement huileux* **Couleur :** *toutes les nuances de brun et «d' herbe morte»* **Espérance de vie :** *10-12 ans* **Prix du chiot :** *environ 500 euros.*

Chien d'arrêt allemand à poil dur

Autre nom : *Deutsch Drahthaar*

Utilisation : parmi les chiens d'arrêt, celui-ci est polyvalent. Il brille dans toutes les disciplines de la chasse. En chassant avec lui, il n'est nul besoin d'autre spécialiste. Son pelage le protège en cas de mauvais temps et sur les terrains difficiles.

Éducation : 🐾
Ville : non
Famille : 🐾🐾🐾
Soins : 🐾
Exercice : 🐾🐾🐾🐾🐾

Caractère : chien de chasse robuste, doté également d'un potentiel agressif envers l'homme. Réservé envers les inconnus, sans être hostile. Suffisamment occupé, ce chien est amical envers son maître, affectueux et équilibré.

Environnement : le Chien d'arrêt allemand à poil dur se montre des plus agréables lorsqu'il peut faire la démonstration de ses compétences. Sans rien à accomplir et entre les mains d'un débutant, il végétera et présentera des troubles du comportement.

Maladies : très robuste en général. Attention à la dysplasie de la hanche, à l'entropion, à la torsion de l'estomac.

Convient : uniquement aux chasseurs.

RÉSUMÉ **Groupe 7/n° 98 :** *Chiens d'arrêt* **Origine :** *Allemagne* **Taille :** *M 60-67 cm, F 55-60 cm* **Poids :** *28-35 kg* **Poil :** *dur, imperméable, double* **Couleur :** *marron, noir ou rouan* **Espérance de vie :** *jusqu'à 14 ans* **Prix du chiot :** *environ 500 euros.*

Chien d'arrêt allemand à poil long

Autre nom : *Deutsch Langhaar*

Utilisation : ce chien est un chien d'arrêt élevé selon des critères stricts pour ses performances de chasseur. Il a pour ancêtres des chiens d'eau et d'arrêt. Depuis 1879, il est élevé comme une race pure selon des caractéristiques inchangées. L'accent est mis sur la recherche au sang, le rapport d'objets perdus et le travail dans l'eau.

Éducation : 🐾
Ville : non
Famille : 🐾🐾🐾
Soins : 🐾🐾
Exercice : 🐾🐾🐾🐾🐾

Caractère : a une nature équilibrée, est calme, docile et apprend vite. Ne doit pas être agressif envers les personnes et les autres chiens. Si cela n'est pas le cas, il sera exclu de l'élevage.

Environnement : les éleveurs responsables ne le confieront qu'à des chasseurs. S'il peut chasser, il s'intègre harmonieusement à la famille de ces derniers.

Maladies : chien robuste, insensible au froid, sans maladies congénitales connues.

Convient aux : chasseurs.

RÉSUMÉ **Groupe 7/n° 117 :** *Chiens d'arrêt* **Origine :** *Allemagne* **Taille :** *M 63-66 cm, F 60-63 cm* **Poids :** *22-32 kg* **Poil :** *3,5 cm de long, bien couché, dur avec un sous-poil épais* **Couleur :** *brun, avec ou sans marques blanches, rouan foncé, rouan clair, truité* **Espérance de vie :** *12-14 ans* **Prix du chiot :** *environ 500 euros.*

Chien de berger d'Anatolie

Autre nom : Berger d'Anatolie

Utilisation : en Turquie, ne peuvent porter le nom de Kangal que les chiens élevés comme une race à part entière à Kangal même ou aux environs de la ville de Sivas et qui figurent dans le livre des origines du Kangal. La noble famille des Kangal, originaire de Sivas, a joué depuis des siècles un rôle important dans l'élevage du Kangal. Celui-ci se distingue du Karabash par son élevage en tant que race distincte. En Turquie, il est d'ailleurs le seul chien de race pure.

Éducation : 🐾🐾🐾🐾
Ville : non
Famille : 🐾
Soins : 🐾
Exercice : 🐾🐾🐾

Caractère : méfiant envers les inconnus, très vigilant, doté d'un instinct de protection prononcé. Non soumis, dominant, il prend très au sérieux la protection de son territoire.

Environnement : Ne peut vivre dans le jardin d'une maison mitoyenne, où le stress constant lié à son instinct de protection peut le rendre mortellement dangereux. Lorsqu'il décide d'exercer sa protection, il n'est pas disposé à obéir.

Maladies : dysplasie de la hanche.

Convient aux : spécialistes.

RÉSUMÉ **FCI :** *non reconnu* **Origine :** *Turquie* **Taille :** *M 74-85 cm, F 71-79 cm* **Poids :** *M 50-68 kg, F 40-55 kg* **Poil :** *court, épais* **Couleur :** *beige ou brun avec masque noir* **Espérance de vie :** *jusqu' à 15 ans* **Prix du chiot :** *environ 800 à 1 000 euros.*

Chien de berger du Caucase

Autre nom : *Kavkazskaia Ovtcharka*
Utilisation : comme tous les chiens de protection de troupeau, il est habitué à surveiller et à protéger seuls les troupeaux. En protection contre les loups, il porte durant le travail un large collier doté de grosses pointes dirigées vers l'extérieur. Ses oreilles sont amputées jusqu'au pavillon.

Éducation : 🐾🐾🐾🐾🐾
Ville : non
Famille : 🐾🐾
Soins : 🐾🐾🐾
Exercice : 🐾🐾🐾

Caractère : sa grande assurance en fait un chien en grande partie autonome. En raison de son indépendance, il peut être dangereux pour les inconnus. Calme et discret au sein de sa famille. N'obéit pas à la lettre.
Environnement : vit de préférence à l'extérieur. A besoin en outre d'espace et de tranquillité, faute de quoi il est constamment aux aguets. Son terrain doit être bien clôturé. A besoin d'un maître extrêmement rigoureux.
Maladies : DH, ectropion, entropion.
Convient aux : spécialistes expérimentés.

RÉSUMÉ **Groupe 2/n° 328 :** *Pinschers et Schnauzers, molossoïdes, chiens de bouvier suisses* **Origine :** *Russie* **Taille :** *62-65 cm* **Poids :** *env. 45-50 kg* **Poil :** *long, dense avec sous-poil, parfois court* **Couleur :** *blanc, terre, moucheté ou tacheté* **Espérance de vie :** *environ 10 ans* **Prix du chiot :** *600-900 euros.*

Chien de Canaan

Autre nom : *Canaan Dog*

Utilisation : il vient de la région de Canaan, en Israël. Au siècle dernier, les époux Menzel avaient créé un élevage sélectif à partir de chiens sauvages, car les chiens importés ne supportaient pas le climat et tombaient trop souvent malades.

Éducation : 🐾 🐾
Ville : 🐾
Famille : 🐾 🐾
Soins : 🐾
Exercice : 🐾 🐾 🐾 🐾 🐾

Caractère : chien de taille moyenne que l'on peut éduquer et protecteur. La variété actuelle convient aussi à des maîtres expérimentés. Une socialisation précoce et une éducation ferme sont indispensables.

Environnement : défend très agressivement son territoire. Se conduit de façon assez neutre dans un environnement inconnu. Ten à se bagarrer avec d'autres chiens. Les chiots doivent être séparés précocement, car ils se battent âprement pour s'imposer.

Maladies : chien très sain et robuste, dépourvu de maladies génétiques.

Convient aux : maîtres débutants.

RÉSUMÉ **Groupe 5/n° 273 :** *chiens de type Spitz et de type primitif* **Origine :** *Israël* **Taille :** *env. 50-60 cm* **Poids :** *18-25 kg* **Poil :** *de longueur moyenne, droit, dur* **Couleur :** *toutes couleurs, sauf gris, bringé, noir et feu et tricolore.* **Espérance de vie :** *14-15 ans et plus* **Prix du chiot :** *environ 1 000 euros.*

Chien de loutre

Autre nom : *Otterhound*

Utilisation : parmi les chiens de chasse, celui-ci est très spécialisé. Au Moyen Âge, il chassait la loutre en meute et la suivait en nageant jusqu'à son nid. Il a dû pour cela devenir un excellent nageur, ce qu'il est toujours aujourd'hui. La boue le dérange encore moins que l'eau. Comme la loutre n'est aujourd'hui plus chassée, ce chien ne joue plus ce rôle.

Caractère : en véritable chien de chasse, il est sociable, amical et disposé à l'obéissance. Quand il sent la présence de l'eau, il peut devenir absolument entêté. En hiver, même l'eau glacée ne l'effraie pas.

Environnement : à la maison, il est calme et – bien que vigilant – ne mord pas. En raison de sa passion pour la chasse, il serait un chien de compagnie trop nerveux, et ce rôle ne lui convient pas.

Maladies : DH, problèmes de peau.

Convient aux : maîtres expérimentés.

Éducation : 🐾🐾
Ville : non
Famille : 🐾
Soins : 🐾🐾
Exercice : 🐾🐾🐾🐾🐾

RÉSUMÉ **Groupe 6/n° 294 :** *chiens courants et de recherche au sang* **Origine :** *Grande-Bretagne* **Taille :** *60-67 cm* **Poids :** *40-48 kg* **Poil :** *huileux, dur, broussailleux, sous-poil épais* **Couleur :** *toutes couleurs de chiens courants* **Espérance de vie :** *10 ans et plus* **Prix du chiot :** *environ 1 000 euros.*

Chien de macareux

Autre nom : *Norsk Lundehund*

Utilisation : durant des siècles, ce chien fut utilisé pour chasser les macareux, qu'il capturait vivants dans leurs nids, sur les falaises. Il développa pour cette raison des particularités

Éducation :	🐾🐾
Ville :	🐾
Famille :	🐾🐾
Soins :	🐾
Exercice :	🐾🐾🐾🐾🐾

physiques qu'aucun autre chien ne possède : il a cinq orteils au lieu de quatre et des ergots doubles aux postérieurs, qui stabilisent sa démarche sur les falaises. Ses oreilles se rabattent, ce qui les protège de la vase, et ses antérieurs peuvent former un angle de 90 degrés par rapport à son corps.

Caractère : devenu extrêmement rare. Ne ferait sans doute pas un bon chien de compagnie.

Environnement : seuls les amateurs de cette race devraient posséder un chien aussi particulier, en lui offrant des activités et un environnement adaptés.

Maladies : aucune maladie particulière connue.

Convient aux : maîtres expérimentés.

RÉSUMÉ **Groupe 5/n° 265 :** *chiens de type Spitz et de type primitif* **Origine :** *Norvège* **Taille :** *32-38 cm* **Poids :** *6-8 kg* **Poil :** *de longueur moyenne, dense, imperméable* **Couleur :** *brun-roux avec des poils aux extrémités noires, noir ou gris avec des marques blanches, blanc avec des marques foncées* **Espérance de vie :** *plus de 10 ans* **Prix du chiot :** *inconnu*

Chien de montagne des Pyrénées

Autre nom : *Patou*

Utilisation : il est le meilleur chien de protection de troupeau. Il surveille les troupeaux de moutons des Pyrénées. Au cours des siècles passés, ce beau chien était déjà le favori de la noblesse et de la bourgeoisie fortunée. Aujourd'hui, cette tendance s'accentue.

Éducation : 🐾 🐾 🐾
Ville : non
Famille : 🐾 🐾
Soins : 🐾 🐾 🐾 🐾
Exercice : 🐾 🐾 🐾

Caractère : n'est amical, conciliant et calme qu'au sein de sa famille. En tant que chien de troupeau habitué à être indépendant, il a besoin d'être éduqué avec soin, précocement, et en douceur.

Environnement : il a besoin de sortir par tous les temps et de disposer de beaucoup d'espace à l'intérieur et à l'extérieur. Son poil doit être soigné.

Maladies : DH, dysplasie du coude.

Convient aux : maîtres expérimentés.

RÉSUMÉ **Groupe 2/n° 137 :** *Pinschers et Schnauzers, molossoïdes, chiens de bouvier suisses* **Origine :** *France* **Taille :** *M 68,5-81 cm, F 63,5-74 cm* **Poids :** *40-56 kg* **Poil :** *double, très dense, long ou moyennement long, plus long sur le cou, la queue et la «culotte»* **Couleur :** *blanc* **Espérance de vie :** *jusqu'à 15 ans* **Prix du chiot :** *environ 1 000 euros.*

Chien de recherche au sang de Bavière

Utilisation : cette race doit sa sélection en race pure à la nécessité pour le chasseur bavarois de haute montagne d'avoir un chien qui piste librement en donnant de la voix lorsqu'il repère le gibier. Il suit sans erreur la trace du sang de l'animal blessé. Il est issu d'anciens Braques bavarois et de chiens de recherche au sang de Hanovre. Son potentiel agressif en fit aussi en des temps plus sauvages un auxiliaire précieux des chasseurs professionnels. Il est souhaitable de procéder à une sélection stricte et de ne confier les chiots qu'à des chasseurs.

Éducation :
Ville :
Famille :
Soins :
Exercice :

Caractère : chasseur fanatique et pisteurs fiables. Aime travailler. Grimpeur adroit en montagne.

Environnement : ce chien ne doit être confié qu'à des chasseurs. Être considéré comme un animal de compagnie le ferait souffrir.

Maladies : aucune maladie spécifique connue.

Convient aux : spécialistes.

RÉSUMÉ **Groupe 6/n° 217 :** *chiens courants et de recherche au sang* **Origine :** *Allemagne* **Taille :** *45-50 cm* **Poids :** *environ 30 kg* **Poil :** *court, dense, modérément dur* **Couleur :** *toutes les nuances de roux et de roux foncé, robe parfois mêlée de poils noirs* **Espérance de vie :** *13 ans et plus* **Prix du chiot :** *environ 500 euros.*

Chien de rouge du Harz

Utilisation : ce chien est un représentant d'anciennes races de chiens de bergers allemands presque éteintes. Quelques spécimens sont encore présents en ex-RDA grâce au soutien de l'État. Depuis 1989, une association

Éducation : 🐾
Ville : 🐾
Famille : 🐾🐾🐾
Soins : 🐾🐾
Exercice : 🐾🐾🐾🐾🐾

allemande s'est fait un devoir de créer des élevages de ces anciennes races de chiens de bergers allemands afin qu'elles se perpétuent. Parmi ceux-ci figurent le Schafpudel, le Westerwälder Fuchs ou Kuhhund, le Geldbacke, le Stumper, le Strobel, le Schwarzer Altdeutscher et le Tiger.

Caractère : comme toutes les races de chien de berger, il est conciliant, désireux d'apprendre, attaché à sa famille, vigilant et endurant.

Environnement : le Chien de rouge du Harz peut comme toutes les races de chiens de berger être un chien de compagnie et d'agrément s'il se dépense suffisamment et si son désir de travailler est satisfait.

Maladies : un chien sans défauts génétiques, non dénaturé par l'élevage.

Convient aux : maîtres débutants.

RÉSUMÉ **FCI : :** *non reconnu* **Origine :** *Allemagne* **Taille :** *50-60 cm* **Poids :** *25-30 kg* **Poil :** *double avec sous-poil* **Couleur :** *brun-roux* **Espérance de vie :** *12-14 ans et plus* **Prix du chiot :** *environ 600 euros.*

Chien de Saint-Hubert

Autre nom : *Bloodhound*

Éducation : 🐾🐾🐾🐾
Ville : non
Famille : 🐾🐾🐾
Soins : 🐾🐾
Exercice : 🐾🐾🐾🐾

Utilisation : ce chien date apparemment de plus de 700 ans, et possède le flair le plus exceptionnel que l'on puisse imaginer. Il est capable de suivre des pistes vieilles de plusieurs jours. Toutefois, ses capacités ne sont plus utilisées. Son nom anglais signifiait qu'il est de sang noble. Un chien «monumental» d'un temps depuis longtemps révolu, rare mais encore bien vivant.

Caractère : chien extrêmement débonnaire et sensible avec une superbe voix profonde. Sa douceur rivalise néanmoins avec son entêtement, c'est pourquoi il lui faut un maître ferme, mais non brutal.

Environnement : doit absolument vivre à la campagne, mais sous un contrôle absolu, faute de quoi il vagabonde en «fouinant», tout heureux, à travers champs et forêts. Ce chien doit être aimé.

Maladies : problèmes de cartilage, DH, entropion, ectropion, inflammation des replis cutanés.

Convient aux : spécialistes.

RÉSUMÉ **Groupe 6/n° 84 :** *chiens courants et de recherche au sang* **Origine :** *Belgique* **Taille :** *58-68 cm* **Poids :** *40-48 kg* **Poil :** *court et dur* **Couleur :** *brun-roux ou brun-roux et noir* **Espérance de vie :** *10-12 ans* **Prix du chiot :** *environ 1 000 euros.*

Chien d'eau irlandais

Autre nom : *Irish Water Spaniel*

Utilisation : ce chien ressemble davantage à un Caniche qu'à un Spaniel. Mais son poil frisé et imperméable laisse deviner qu'il s'agit d'un chien d'eau. La race fait l'objet d'un élevage distinct depuis 1850. Quand il chasse, ni un terrain marécageux, ni une mer glacée ne l'effraient.

Éducation : 🐾 🐾 🐾
Ville : non
Famille : 🐾 🐾
Soins : 🐾 🐾 🐾
Exercice : 🐾 🐾 🐾 🐾 🐾

Caractère : lorsqu'il est éduqué précocement avec fermeté, il est docile. En raison de sa méfiance envers les inconnus, il fait un bon chien de garde, mais n'est donc pas un bon chien familial. Les enfants doivent lui laisser une marge de liberté suffisante.

Environnement : ce chien intelligent est très rare en France. Il ne devrait jamais être un simple chien de compagnie. Il doit pouvoir chasser.

Maladies : pas de maladie héréditaire spécifique.

Convient aux : maîtres expérimentés.

RÉSUMÉ **Groupe 8/n° 124** : *chiens rapporteurs de gibier, leveurs de gibier et d'eau* **Origine** : *Irlande* **Taille** : *51-58 cm* **Poids** : *20-29 kg* **Poil** : *dense, serré, crépu sur le corps, le cou et la naissance de la queue, non laineux, naturellement huileux ; poil court sur la face et le reste de la queue* **Couleur** : *brun* **Espérance de vie** : *environ 12 ans* **Prix du chiot** : *800 euros.*

Chien d'élan norvégien gris

Utilisation : ce chien, dont une variété noire constitue une race à part entière, chasse seul et sans bruit l'élan, puis l'accule en aboyant. C'est le chien national de la Norvège, où il est un chien familial répandu. Le standard actuel n'a été établi qu'à la fin du XIXᵉ siècle.

Éducation : 🐾🐾
Ville : non
Famille : 🐾
Soins : 🐾🐾🐾
Exercice : 🐾🐾🐾🐾

Caractère : amical envers l'homme et téméraire. A une voix puissante, qu'il fait volontiers entendre. Avec lui, les enfants sont en sûreté. Vigilant, mais ne mord pas. Se laisse facilement éduquer, mais en raison de son indépendance, ne sera jamais aveuglément obéissant.

Environnement : ne se satisfait pas d'espaces trop restreints. A besoin de beaucoup d'activité, mais son instinct de chasseur pose des problèmes s'il ne peut en faire usage.

Maladies : pas de maladie spécifique connue.

Convient aux : maîtres expérimentés.

RÉSUMÉ **Groupe 5/n° 242 :** *chiens de type Spitz et de type primitif* **Origine :** *Norvège* **Taille :** *M 52 cm, F 40 cm* **Poids :** *jusqu' à environ 15 kg* **Poil :** *dense, imperméable, laineux* **Couleur :** *divers tons de gris* **Espérance de vie :** *10-12 ans* **Prix du chiot :** *environ 1 000 euros.*

Chien d'ours de Carélie

Autre nom : *Karjalankarhukoïra*

Utilisation : sa taille laisse difficilement présager que ce chien se mesure à des ours à la chasse. Toutefois, son objectif n'est pas de tuer les ours, les élans, les cerfs, les loups, les lynx ou les sangliers qu'il chasse. Il les repère, les suit et les signale bruyamment. Lorsqu'il a acculé un animal, il aboie.

Éducation : 🐾🐾🐾🐾
Ville : non
Famille : 🐾
Soins : 🐾🐾
Exercice : 🐾🐾🐾🐾🐾

Caractère : il n'entreprendra rien par pure obéissance au sens traditionnel. Amical envers sa famille, mais réservé envers les inconnus. Agressif vis-à-vis des autres chiens.

Environnement : reste d'un caractère difficile, malgré une éducation approfondie. Tente constamment de s'échapper et de braconner pour son propre compte. S'intégrera difficilement à un sport canin.

Maladies : chien très robuste et sain.

Convient aux : spécialistes.

RÉSUMÉ **Groupe 5/n° 48 :** *chiens de type Spitz et de type primitif* **Origine :** *Finlande* **Taille :** *52-57 cm* **Poids :** *22-27 kg* **Poil :** *dense, double, écarté avec un sous-poil épais* **Couleur :** *noir, avec de préférence une légère nuance brunâtre, et marques d'un blanc pur* **Espérance de vie :** *12-15 ans* **Prix du chiot :** *environ 500 euros.*

Chien du Pharaon

Autre nom : *Pharaoh Hound*

Éducation : 🐾🐾
Ville : 🐾
Famille : 🐾🐾
Soins : 🐾
Exercice : 🐾🐾🐾🐾🐾

Utilisation : des chiens de chasse proches du Chien du Pharaon existaient déjà il y a 5 000 ans au Proche-Orient. À l'époque de Cléopâtre, ils furent disséminés par les Romains dans toute la région méditerranéenne. Vers 1960, ce chien magnifique fut redécouvert par des éleveurs.

Caractère : amical et affectueux. Recherche contrairement à la plupart des Lévriers à avoir des liens étroits avec son maître. Facile à éduquer, veut être au centre de l'attention.

Environnement : ne chasse pas uniquement à vue et grâce à son flair, mais aussi grâce à son ouïe. Il doit donc être tenu en laisse à l'extérieur. La hauteur des clôtures doit être adaptée à sa capacité à sauter. À la maison, il est très propre.

Maladies : sa sensibilité s'étend aux médicaments, aux insecticides et aux narcotiques.

Convient aux : maîtres expérimentés.

RÉSUMÉ **Groupe 5/n° 248 :** *chiens de type Spitz et de type primitif* **Origine :** *Malte (GB)* **Taille :** *53-63 cm* **Poids :** *20-25 kg* **Poil :** *court, lisse, brillant* **Couleur :** *toutes couleurs du roux vif au châtaigne, avec plusieurs marques blanches* **Espérance de vie :** *15-17 ans* **Prix du chiot :** *environ 1 000 euros.*

Chien-loup tchécoslovaque

Autre nom : *Ceskoslovensky Vlcak*
Utilisation : des éleveurs tchécoslovaques ont essayé, tout comme Leendert Saarloos (→ voir page 179), de croiser un loup avec un Berger allemand pour obtenir un chien d'utilité

Éducation : 🐾 🐾 🐾 🐾
Ville : non
Famille : 🐾
Soins : 🐾
Exercice : 🐾 🐾 🐾 🐾 🐾

aux qualités encore accrues. Dans les deux cas, les attentes ont été déçues. En effet, le comportement hérité du loup s'avère dérangeant.

Caractère : chez le Chien-loup tchécoslovaque, le comportement du loup transparaît nettement. Il se montre méfiant envers tout ce qui ne lui est pas coutumier et envers les inconnus. Il est endurant et doté d'un fort tempérament. A besoin d'une personne de référence unique.

Environnement : il ne doit pouvoir s'échapper du lieu où il vit. Des connaissances suffisantes sur le comportement du loup et du chien sont indispensables. A besoin de beaucoup d'attention et d'activité.

Maladies : chien en bonne santé, sans maladies particulières.

Convient aux : maîtres expérimentés.

RÉSUMÉ **Groupe 1/n° 332 :** *chiens de berger et de bouvier*
Origine : *Slovaquie* **Taille :** *60-65 cm min.* **Poids :** *20-26 kg min.*
Poil : *de loup, double, avec un sous-poil* **Couleur :** *jaunâtre, gris loup à gris argenté* **Espérance de vie :** *10-12 ans* **Prix du chiot :** *600 à 1 000 euros.*

Chien nu chinois à crête

Utilisation : connu en Chine depuis le XIIIᵉ siècle, il est arrivé en Europe dans les années 1960. Pour favoriser la survie de cette race, des croisements doivent être effectués de temps en temps avec des chiens dotés d'un pelage, les « Powder Puff », plus sains.

Éducation : 🐾
Ville : 🐾🐾🐾🐾🐾
Famille : 🐾🐾🐾
Soins : 🐾🐾🐾
Exercice : 🐾🐾🐾

Caractère : chiens d'appartement idéaux, ayant besoin d'affection, doux et vifs, convenant aussi aux personnes allergiques. S'entendent bien avec les autres chiens et animaux.

Environnement : n'est pas si sensible au soleil et au froid qu'on le dit. En étant suffisamment actif dans la nature, il se montre résistant. En cas de températures extrêmes, il préfère bien entendu rester à l'intérieur.

Maladies : anomalies de la dentition, problèmes cutanés divers.

Convient aux : maîtres débutants.

RÉSUMÉ **Groupe 9/n° 288 :** *chiens d'agrément et de compagnie* **Origine :** *Chine/Grande-Bretagne* **Taille :** *M 28-33 cm, F 23-30 cm* **Poids :** *jusqu' à 5,5 kg* **Poil :** *chien nu, mais longues touffes de poils souples sur la tête, les pattes et la queue ; Powder Puff : souple, long et abondant* **Couleur :** *toutes les couleurs* **Espérance de vie :** *plus de 15 ans* **Prix du chiot :** *environ 1 500 euros.*

Chihuahua

Utilisation : il s'agit du plus petit chien du monde. La variété à poil court existait déjà au temps des Aztèques. Des éleveurs américains ont obtenu la variété à poils longs à l'aide de croisements, mais ces poils lui donnent une silhouette plus floue.

Éducation : 🐾
Ville : 🐾
Famille : 🐾 🐾
Soins : 🐾
Exercice : 🐾 🐾

Caractère : fier et plein de tempérament s'il provient d'un bon élevage. Éveillé et vigilant, affectueux et câlin. Lorsqu'il croise de gros chiens, il est souvent pris d'un accès de mégalomanie.

Environnement : n'aime pas l'humidité et le froid. Préfère rester à la maison par mauvais temps. Doit être socialisé précocement et apprendre à connaître d'autres chiens, faute de quoi il se transforme en roquet et n'obéit plus. Les enfants l'irritent.

Maladies : rarement, fissure palatine, problèmes de valves cardiaques, hydrocéphalie.

Convient aux : maîtres débutants.

RÉSUMÉ **Groupe 9/n° 218 :** *chiens d'agrément et de compagnie*
Origine : *Mexique*   **Taille :** *13 cm*   **Poids :** *0,5-2,5 kg*   **Poil :** *court : lisse, dense, appliqué, brillant ; long : souple, frangé*
Couleur : *toutes les couleurs*   **Espérance de vie :** *jusqu'à 20 ans*
Prix du chiot : *600 à 1 000 euros.*

Chow Chow

Utilisation : ce chien a été introduit en Angleterre il y a plus d'un siècle sous le nom de chien de Canton. En Chine, sa chair était consommée, mais aussi sa langue bleue. Son nom peut d'ailleurs se traduire par «délicieux délicieux».

Éducation : 🐾🐾🐾🐾
Ville : 🐾🐾
Famille : 🐾
Soins : 🐾🐾🐾🐾🐾
Exercice : 🐾🐾🐾

Caractère : généralement le chien d'un seul maître. Rejette hargneusement les inconnus. Tolère les enfants de la famille dans le meilleur des cas. Chasseur passionné, il ne dédaigne pas les bagarres avec d'autres chiens. Aime son maître, sans être soumis.

Environnement : comme il aime particulièrement sa liberté, il doit être surveillé. Le sport canin ne lui convient pas, en raison de son entêtement. N'aime pas particulièrement courir, mais aime les promenades, si possible solitaires.

Maladies : eczéma, entropion, inflammation de la cornée, tumeurs cutanées, dysplasie de la hanche.

Convient aux : maîtres expérimentés.

RÉSUMÉ **Groupe 5/n° 205 :** *chiens de type Spitz et de type primitif* **Origine :** *Chine (Grande-Bretagne)* **Taille :** *M 48-56 cm, F 46-51 cm* **Poids :** *25-28 kg* **Poil :** *souche à poil court rare, en vogue ; souche à poil long : très dense, écarté, souple avec un sous-poil doux* **Couleur :** *uniformément roux, noir, fauve, bleu et crème* **Espérance de vie :** *10-12 ans* **Prix du chiot :** *environ 800 euros.*

Clumber Spaniel

Utilisation : à l'origine, ce chien vient de France. Il fallait un chien à l'ossature lourde, réfléchi, un leveur de gibier plus consciencieux que le Cocker Spaniel. Le Clumber Spaniel était particulièrement prisé par les nobles et les rois.

Éducation : 🐾🐾
Ville : 🐾🐾
Famille : 🐾
Soins : 🐾🐾🐾🐾
Exercice : 🐾🐾🐾🐾

Caractère : donne une impression de sérieux, mais parfois aussi d'entêtement. Tend à être le chien d'un seul maître et a des sautes d'humeurs. Les inconnus ne l'intéressent pas. Bave, ronfle et halète.
Environnement : en raison de ses mauvaises habitudes, n'est pas un chien familial très populaire. Ne démontre ses exceptionnelles qualités qu'entre les mains d'un chasseur.
Maladies : peu de problèmes génétiques. Rarement DH, ectropion. S'il ne travaille bas, a tendance à l'embonpoint. Soins consciencieux des oreilles et du poil indispensables.
Convient aux : maîtres expérimentés.

RÉSUMÉ **Groupe 8/n° 109 :** *chiens rapporteurs de gibier, leveurs de gibier et d'eau* **Origine :** *Grande-Bretagne* **Taille :** *30-35 cm* **Poids :** *25-31,5 kg* **Poil :** *abondant, droit, soyeux* **Couleur :** *blanc avec des marques citron* **Espérance de vie :** *jusqu'à 14 ans* **Prix du chiot :** *environ 900 euros.*

Cocker

Autre nom : *Cocker Spaniel anglais*
Utilisation : son nom lui vient de la bécasse *(woodcock)*, qu'il chassait au XIXᵉ siècle. «Spaniel» indique que ce chien descend de chiens de chasse espagnols. Il peut lever le gibier, signaler sa piste en aboyant et le rapporter. Il accule en outre le gibier en aboyant

Éducation : 🐾 🐾
Ville : 🐾 🐾 🐾
Famille : 🐾 🐾 🐾
Soins : 🐾 🐾 🐾 🐾
Exercice : 🐾 🐾 🐾 🐾

Caractère : le Cocker sera un chien familial vivant et enjoué. Amical et ouvert, il est facile à éduquer si l'on ne fait pas preuve de dureté.
Environnement : ce chien vif et joueur a besoin de beaucoup d'activité. Le canicross et l'agility lui plairont, s'il les pratique sans excès.
Maladies : maladies oculaires, eczéma, inflammation du conduit auditif externe, DH, épilepsie, rage du Cocker (maladie nerveuse, touchant surtout les Cockers roux), convulsions.
Convient aux : maîtres débutants.

RÉSUMÉ **Groupe 8/n° 5 :** *chiens rapporteurs de gibier, leveurs de gibier et d'eau* **Origine :** *Grande-Bretagne* **Taille :** *39,5-41 cm* **Poids :** *12,7-14,5 kg* **Poil :** *moyennement long, lisse, soyeux, les membres, poitrail ou oreilles frangés* **Couleur :** *roux, noir, bi- et tricolore* **Espérance de vie :** *12-15 ans* **Prix du chiot :** *environ 500 euros.*

Cocker américain

Autre nom : *American Cocker Spaniel*
Utilisation : chien issu du Cocker Spaniel anglais. Race d'exposition. L'un des chiens les plus appréciés aux États-Unis. Rarement encore utilisé pour la chasse.

Éducation : 🐾🐾
Ville : 🐾🐾🐾🐾
Famille : 🐾🐾🐾🐾
Soins : 🐾🐾🐾🐾🐾
Exercice : 🐾🐾🐾🐾

Caractère : chien familial enjoué et doux, facile à dresser. Il veut avoir des contacts étroits avec son maître. Bon gardien, sans être hargneux. Son instinct de chasse est contrôlable grâce à sa docilité.
Environnement : possède une robe bien plus fournie que celle du Cocker Spaniel anglais (→ voir page 99), qui nécessite beaucoup plus de soins. En raison de son besoin de contact, il ne suivra pas nécessairement son maître.
Santé : yeux : atrophie rétinienne progressive, cataracte ; peau : allergie, troubles des glandes sébacées, pustules sur les babines ; DH.
Convient aux : maîtres débutants.

RÉSUMÉ **Groupe 8/N° 167 :** *chiens rapporteurs de gibier, leveurs de gibier et d'eau* **Origine :** *États-Unis* **Taille :** *M 38 cm, F 35,5 cm* **Poids :** *10-12 kg* **Poil :** *souple, abondant* **Couleur :** *uni : noir, crème à rouge foncé et brun ; pluricolore : blanc et noir, rouge et blanc, brun et blanc, rouan, taches noires et bigarrées* **Espérance de vie :** *jusqu'à 15 ans* **Prix du chiot :** *environ 1 000 euros.*

Colley à poil long

Utilisation : à l'origine, ce chien était un chien de berger écossais robuste et fiable. Ce n'est qu'au XIXᵉ siècle, lorsque l'on en fit un chien d'exposition, en croisant des Setters et des Barzoïs, qu'il commença à devenir populaire. La série «Lassie» a encore accru cet engouement. Depuis quelques années, des éleveurs raisonnables tentent de le rendre à nouveau plus équilibré.

Éducation : 🐾
Ville : 🐾
Famille : 🐾🐾🐾🐾
Soins : 🐾🐾🐾
Exercice : 🐾🐾🐾🐾

Caractère : issu d'un bon élevage, ce chien est intelligent, attaché à sa famille et facile à éduquer. Doté d'un instinct de gardien et de protecteur inné.

Environnement : apprécie l'agility, le canicross et l'obéissance. A aussi des talents de chien pisteur.

Maladies : entropion, affections de la rétine, nanisme. Les chiens de couleur merle peuvent être sourds.

Convient aux : maîtres débutants.

RÉSUMÉ **Groupe 1/n° 156 :** *chiens de berger et de bouvier*
Origine : *Grande-Bretagne* **Taille :** *M 56-61 cm, F 51-56 cm*
Poids : *22-32 kg* **Poil :** *poil de couverture long, droit, dur, avec sous-poil souple, dense* **Couleur :** *zibeline et blanc, tricolore et bleu merle* **Espérance de vie :** *10-12 ans* **Prix du chiot :** *environ 800 euros.*

Colley à poil ras

Utilisation : en Angleterre, les chiens de travail à poil ras, faciles à soigner, n'étaient pas de simples chiens de berger, mais servaient aussi de gardiens de troupeaux et de chiens de garde. Leurs qualités naturelles se sont jusqu'ici peu modifiées. Le fait qu'ils n'aient pas participé à la série «Lassie» leur a permis d'échapper à un élevage intensif, contrairement aux variétés à poil long.

Éducation : 🐾
Ville : 🐾
Famille : 🐾🐾🐾🐾
Soins : 🐾
Exercice : 🐾🐾🐾🐾🐾

Caractère : sont encore aujourd'hui des chiens fiers et courageux, mais aussi intelligents et travailleurs. Bons gardiens, sans être agressifs.

Environnement : s'adaptent très bien à leur famille s'ils ont suffisamment d'activité. Ont besoin d'exercer leur intelligence. La pratique d'un sport canin ou de l'agility représente pour eux un vrai défi.

Maladies : peu de problèmes génétiques.

Convient aux : maîtres débutants.

RÉSUMÉ **Groupe 1/n° 296 :** *chiens de berger et de bouvier*
Origine : *Grande-Bretagne* **Taille :** *51-61 cm* **Poids :** *18-29,5 kg*
Poil : *court, dur, imperméable* **Couleur :** *sable et blanc, bleu merle, tricolore* **Espérance de vie :** *10-12 ans* **Prix du chiot :** *environ 800 euros.*

Collie barbu

Autre nom : *Bearded Collie*

Utilisation : à l'origine, ce Collie était un chien hirsute et résistant aux conditions climatiques des hautes terres de l'Écosse. Aujourd'hui, il est l'un des chiens familiaux et d'exposition les mieux toilettés et les plus frappants. Avec son poil actuel, difficile à entretenir, il ne pourrait plus être chien de berger.

Éducation : 🐾 🐾
Ville : 🐾 🐾
Famille : 🐾 🐾 🐾 🐾
Soins : 🐾 🐾 🐾 🐾 🐾
Exercice : 🐾 🐾 🐾 🐾 🐾

Caractère : chien amical, plein de tempérament et toujours joyeux. Très émotif et fréquemment sensible au bruit.

Environnement : ne supporte pas une éducation sévère. Celle-ci doit cependant être constante. A besoin de beaucoup de changement et de mouvement dans ses activités.

Maladies : relativement peu de maladies héréditaires. Peau devenant sensible en cas de manque de soins. Doit être nourri avec des aliments de grande qualité.

Convient aux : maîtres débutants.

RÉSUMÉ **Groupe 1/n° 271 :** *chiens de berger et de bouvier*
Origine : *Grande-Bretagne* **Taille :** *50-56 cm* **Poids :** *environ 30 kg* **Poil :** *long, double, avec un sous-poil souple et un poil de couverture plat, dur et hirsute* **Couleur :** *gris ardoise, fauve, noir, bleu. Blanc sur le front, l'extrémité de la queue, autour du cou, sur les membres et les pattes* **Espérance de vie :** *12-14 ans*
Prix du chiot : *environ 800 euros.*

Coton de Tuléar

Utilisation : des marins l'auraient introduit à Madagascar, où il était le chien de manchon de la haute société. Le «commun des mortels» ne pouvait en posséder un, sous peine d'amende. Son pelage cotonneux est à l'origine de son nom.

Éducation : 🐾
Ville : 🐾🐾🐾🐾🐾
Famille : 🐾🐾🐾🐾🐾
Soins : 🐾🐾
Exercice : 🐾🐾

Caractère : chien familial docile, facile à éduquer, à transporter, s'adaptant à toutes les situations et donc très recommandé. Sa nature amicale en fait un piètre chien de garde, ce qui le rend encore plus sympathique.

Environnement : son poil n'a pas besoin de soins particuliers. Il est inutile de le promener très longtemps. L'essentiel est pour lui d'être auprès de son maître.

Maladies : très robuste et rarement malade.

Convient aux : maîtres débutants.

RÉSUMÉ **Groupe 9/n° 283 :** *chiens d'agrément et de compagnie*
Origine : *Madagascar* **Taille :** *25-28 cm* **Poids :** *5,4-6,8 kg*
Poil : *8 cm de long, fin, légèrement ondulé* **Couleur :** *blanche, petites taches grises ou citron sur les oreilles* **Espérance de vie :** *12-15 ans* **Prix du chiot :** *900 à 1 000 euros.*

Dalmatien

Utilisation : depuis la fin du Moyen Âge, des peintures représentent fréquemment des chiens mouchetés accompagnant des attelages.

Caractère : chien de compagnie remarquable, agréable, vivant et plein de tempérament. Il a besoin à la fois de la compagnie de son maître et de beaucoup d'activité. Vigilant, sans aboyer exagérément.

Environnement : rien ne fait plus plaisir à un Dalmatien qu'excursionner plusieurs heures ou accompagner son maître durant des promenades à vélo ou à cheval.

Maladies : surdité, mauvaise acuité visuelle (chez le chiot, examiner les résultats des examens de l'ouïe), entropion, dysplasie de la hanche, allergies, eczéma, maladies rénales.

Convient aux : maîtres débutants.

Éducation : 🐾🐾
Ville : 🐾🐾🐾
Famille : 🐾🐾🐾🐾
Soins : 🐾
Exercice : 🐾🐾🐾🐾🐾

RÉSUMÉ **Groupe 6/n° 153 :** *chiens courants et de recherche au sang* **Origine :** *Croatie* **Taille :** *M 55-60 cm, F 54-59 cm* **Poids :** *M 28-30 kg, F 23 kg* **Poil :** *court, dur, dense, lisse et brillant* **Couleur :** *d'un blanc pur, avec des taches noires ou marron de taille égale si possible ; les chiots naissent blancs* **Espérance de vie :** *10-12 ans* **Prix du chiot :** *environ 800 euros.*

Dandie Dinmont Terrier

Utilisation : son nom lui vient d'un personnage de roman. Il est apparenté au Bedlington Terrier (voir page 38) et fait partie des robustes Terriers écossais. Il se battait avec des renards, des blaireaux et des vipères et avait souvent le dessus. Le Teckel à poil dur (→ voir page 206) descend en partie de ce chien, ce qui explique son comportement fréquemment combatif.

Éducation : 🐾🐾
Ville : 🐾🐾🐾
Famille : 🐾🐾
Soins : 🐾🐾🐾
Exercice : 🐾🐾🐾

Caractère : très fidèle à son maître, mais également entêté. Est plutôt le chien d'un seul maître. Convient mieux à des personnes calmes et équilibrées qu'à une famille qui compte des enfants. N'apprécie pas les autres chiens ou animaux.

Environnement : malgré sa forte volonté, il peut être éduqué correctement à force de patience et d'attention. Il demeure un excellent chasseur de rats et de souris.

Maladies : problèmes de dos occasionnels, DH ; attention à la gale des oreilles. Son poil doit être épilé de temps à autre.

Convient aux : maîtres débutants.

RÉSUMÉ **Groupe 3/n° 168 :** Terriers **Origine :** Grande-Bretagne
Taille : 20-25 cm **Poids :** 8 kg **Poil :** mélange de poils doux et durs d' environ 5 cm de long **Couleur :** moutarde, poivre
Espérance de vie : jusqu' à 13 ans **Prix du chiot :** environ 800 euros.

Deerhound

Autre nom : *Lévrier écossais*

Utilisation : les Clans écossais chassaient le cerf dans les Highlands avec ce chien (*deer* signifie «cerf»). Au XVIIIe siècle, après la victoire des Anglais contre les Écossais, il fallut en réorganiser l'élevage.

Éducation : 🐾 🐾 🐾
Ville : non
Famille : 🐾 🐾
Soins : 🐾 🐾
Exercice : 🐾 🐾 🐾 🐾 🐾

Caractère : a toujours été décrit comme le plus noble de tous les chiens. Mélange de douceur et d'agressivité, chien sensible dans une enveloppe rude. Ne s'impose pas, peut même être très doux. Très réservé à l'égard des inconnus. Il n'est jamais imprévisible.

Environnement : à l'extérieur, ce descendant du Lévrier celte montre son véritable tempérament. Ne pose pas de problème s'il a des contacts étroits avec son maître, a suffisamment de place et d'activités adaptées à sa race.

Maladies : torsion de l'estomac, problèmes cardiaques.

Convient aux : maîtres expérimentés.

RÉSUMÉ **Groupe 10/n° 164 :** *Lévriers* **Origine :** *Grande-Bretagne* **Taille :** *71-81 cm* **Poids :** *M 38-48 kg, F 30-36 kg* **Poil :** *dur et rêche, de 10 cm de long* **Couleur :** *gris foncé à roux sable, roux faon, bringé* **Espérance de vie :** *10-13 ans* **Prix du chiot :** *environ 900 euros.*

Dobermann

Utilisation : Luis Dobermann obtint vers 1860 à partir de différentes races de chiens énergiques un chien fiable et intelligent destiné à le protéger dans sa fonction de percepteur des impôts.

Éducation : 🐾🐾
Ville : 🐾🐾🐾
Famille : 🐾🐾
Soins : 🐾
Exercice : 🐾🐾🐾🐾🐾

Caractère : chien instinctif, plein de tempérament, élégant, doté d'une ingéniosité et d'un instinct de protection innés. Il est très sensible et selon les élevages, peut être excessivement nerveux. Il est le chien d'un seul maître, et presque toujours à l'image de celui-ci.

Environnement : il appartient à la catégorie des chiens de service et d'utilité et doit être rigoureusement éduqué. Il doit être dressé en fonction d'objectifs particuliers, sans contrainte, et ne doit être confié qu'à des personnes équilibrées.

Maladies : DH, problèmes cutanés occasionnels, problèmes de cœur, syndrome de Wobbler (problèmes de mouvement et de coordination).

Convient aux : maîtres expérimentés.

RÉSUMÉ **Groupe 2/n° 143 :** *Pinschers et Schnauzers, molossoïdes, chien de bouvier suisses* **Origine :** *Allemagne* **Taille :** *M 68-72 cm, F 63-68 cm* **Poids :** *30-40 kg* **Poil :** *court, dur et dense, étroitement appliqué, luisant* **Couleur :** *noir et brun foncé avec des marques feu* **Espérance de vie :** *environ 10 ans* **Prix du chiot :** *environ 800 euros.*

Dogue allemand

Autre nom : *Danois*

Utilisation : les Germains chassaient le sanglier avec des chiens de ce type. Plus tard, seule la noblesse eut le droit de l'utiliser pour chasser le cochon en meute. Ensuite, le Dogue allemand tint compagnie aux riches citoyens. Bismarck l'avait déclaré « chien de l'Empire ».

Éducation : 🐾🐾
Ville : non
Famille : 🐾🐾🐾🐾
Soins : 🐾
Exercice : 🐾🐾🐾

Caractère : issu d'une bonne lignée, le chien est doux, généreux et affectueux envers son maître et les enfants. Équilibré. Si l'on fait preuve de cohérence et de patience, il est facile à éduquer.

Environnement : ce grand chien a besoin de place et de se dépenser suffisamment. Il veut vivre au sein de sa famille et dépérirait dans un chenil.

Maladies : à l'achat, veiller à des principes d'élevage sains. Occasionnellement, affections osseuses, oculaires et cutanées. Surdité occasionnelle chez les spécimens arlequin.

Convient aux : maîtres expérimentés.

RÉSUMÉ **Groupe 2/n° 235 :** *Pinschers et Schnauzers, molossoïdes, chiens de bouvier suisses* **Origine :** *Allemagne* **Taille :** *M au moins 80 cm, F au moins 72 cm* **Poids :** *environ 50 kg* **Poil :** *très court, dense, luisant* **Couleur :** *fauve, bringé, bleu, noir, arlequin (blanc bigarré de noir)* **Espérance de vie :** *5-10 ans* **Prix du chiot :** *environ 800 euros.*

Dogue argentin

Utilisation : issu de différents Dogues espagnols, du Bull-terrier et du Pointer, le Dogue argentin fut dès 1900 élevé comme une race pure. Rapidement, ce chien conçu uniquement pour chasser le puma, le jaguar et le sanglier fut aussi utilisé par la police et l'armée. La race a été reconnue par la FCI en 1973, comme première race argentine.

Éducation : 🐾 🐾 🐾
Ville : non
Famille : 🐾
Soins : 🐾
Exercice : 🐾 🐾 🐾 🐾 🐾

Caractère : doté d'excellentes aptitudes de chien de garde et de protection, très courageux. Une éducation précoce et ferme le rend docile et conciliant.

Environnement : peut très bien s'adapter à la vie domestique, mais a besoin d'un maître ayant une grande expérience des chiens.

Maladies : surdité, DH, fissure palatine.

Convient aux : maîtres expérimentés.

RÉSUMÉ **Groupe 2/n° 292 :** *Pinschers et Schnauzers, molossoïdes, chiens de bouvier suisses*   **Origine :** *Argentine*   **Taille :** *M 62-68 cm, F 60-65 cm*   **Poids :** *38-50 kg*   **Poil :** *poil de couverture court, sans sous-poil*   **Couleur :** *blanc pur, tache foncée sur la tête autorisée, truffe noire*   **Espérance de vie :** *10-12 ans*   **Prix du chiot :** *environ 1 500 euros.*

Dogue de Bordeaux

Utilisation : les plus proches ancêtres de ce chien étaient sans doute les Mastiffs anglais et les Bouledogues. Il était utilisé comme chien de chasse à l'ours et au jaguar. Il a malheureusement aussi été employé comme chien de combat.

Éducation : 🐾🐾🐾
Ville : 🐾
Famille : 🐾
Soins : 🐾
Exercice : 🐾🐾🐾

Caractère : le Dogue de Bordeaux est aujourd'hui débonnaire, équilibré et volontiers câlin. Chien familial amical, qui s'entend bien avec les enfants. Bon chien de garde et de défense, qui n'attaque toutefois qu'en cas de menace sérieuse. Bien éduqué, il n'a pas tendance à braconner.

Environnement : élevé fermement, sans dureté, c'est un chien docile. S'il dispose d'une grande liberté de mouvement, avec une maison et un terrain en conséquence, c'est un chien utile et intéressant.

Maladies : DH, problèmes de cartilage pendant la croissance, ectropion.

Convient aux : maîtres expérimentés.

RÉSUMÉ **Groupe 2/n° 116 :** *Pinschers et Schnauzers, molossoïdes, chiens de bouvier suisses* **Origine :** *France* **Taille :** *M 60-68 cm, F 58-66 cm* **Poids :** *50-65 kg* **Poil :** *court, fin, doux* **Couleur :** *brun-roux avec un masque brun ou noir* **Espérance de vie :** *environ 10 ans* **Prix du chiot :** *environ 1 200 euros.*

Dogue du Tibet

Aûtre nom : *Do Khyi*

Utilisation : décrit comme l'ancêtre de toutes les races de chiens de combat et de chiens de troupeau. Chien lourd, musclé, au pelage dense, doté d'une grosse tête et de mâchoires puissantes, qui peut évoquer un ours.

Éducation : 🐾🐾🐾🐾
Ville : non
Famille : 🐾
Soins : 🐾🐾
Exercice : 🐾🐾

Caractère : «prototype» de tous les chiens de protection de troupeau, ce chien agit de son propre chef dans les situations décisives, et n'obéit plus lorsqu'il est en pleine action. Éduqué et socialisé précocement avec intelligence, et en contact étroit avec des personnes compréhensives, il est (uniquement envers sa famille), un compagnon bien disposé, mais peu soumis.

Environnement : la vie dans un petit appartement est une cause de stress permanent ; il devient alors dangereux.

Maladies : DH, sinon robuste et en bonne santé.

Convient aux : maîtres expérimentés.

RÉSUMÉ **Groupe 2/n° 230 :** *Pinschers et Schnauzers, molossoïdes, chien de bouvier suisses* **Origine :** *Tibet* **Taille :** *61-71 cm* **Poids :** *64-78 kg* **Poil :** *dense, avec sous-poil épais* **Couleur :** *noir, noir et feu, brun doré, gris ardoise avec ou sans feu* **Espérance de vie :** *plus de 10 ans* **Prix du chiot :** *environ 1 000 euros.*

Épagneul allemand

Autre nom : *Deutscher Wachtelhund*
Utilisation : ce chien leveur de gibier
est issu de Braques. Du point de vue
de l'évolution, il constitue en quelque
sorte le stade préliminaire du chien
d'arrêt. Appelé « German Spaniel » par

Éducation : 🐾🐾
Ville : non
Famille : 🐾
Soins : 🐾🐾
Exercice : 🐾🐾🐾🐾🐾

les Anglais, il chasse essentiellement dans la forêt en Allemagne et
se montre polyvalent. Il peut lever le gibier, le repérer, le suivre en
aboyant et le pister. Il est en outre efficace dans l'eau et rapporte
sans difficulté.
Caractère : chasseur perspicace, courageux et fier.
Environnement : compagnon de chasse agréable, qui cherche à
avoir des contacts étroits avec son maître, mais ne peut être décrit
comme un chien de compagnie civilisé. Il accepte la famille du
chasseur.
Maladies : chien robuste, dépourvu d'affections génétiques spécifiques.
Convient : uniquement aux chasseurs.

RÉSUMÉ **Groupe 8/n° 104 :** *Chiens rapporteurs de gibiers,
leveurs de gibier et chiens d'eau* **Origine :** *Allemagne* **Taille :**
45-54 cm **Poids :** *environ 20 kg* **Poil :** *fort et dense, ondulé,
couché, brillant* **Couleur :** *brun ou rouan* **Espérance de vie :**
jusqu'à 15 ans **Prix du chiot :** *environ 500 euros.*

Épagneul breton

Utilisation : l'Épagneul breton est issu du croisement du Setter Laverack (Setter anglais → voir page 189) avec des chiens d'oiseaux du Moyen Âge. Il possède un flair exceptionnel et marque parfaitement l'arrêt. C'est un chien d'arrêt classique et un rapporteur fiable qui apprécie l'eau.

Éducation : 🐾
Ville : 🐾
Famille : 🐾🐾🐾🐾
Soins : 🐾🐾
Exercice : 🐾🐾🐾🐾🐾

Caractère : petit chien d'arrêt très docile, doux et souvent sensible. De grandes aptitudes.

Environnement : s'adapte très bien à sa famille et aux enfants, mais ne doit pas être un simple chien familial. Il doit pouvoir chasser. Il n'est pas casanier, et doit vivre à l'air libre et avoir des activités particulièrement variées.

Maladies : occasionnellement DH, sinon en bonne santé.

Convient aux : chasseurs uniquement.

RÉSUMÉ **Groupe 7/n° 95 :** *chiens d'arrêt* **Origine :** *France* **Taille :** *M 48-50 cm, F 47-49 cm* **Poids :** *environ 20 kg* **Poil :** *dense, plat ou ondulé, fin, mais ni dur ni soyeux* **Couleur :** *blanc et orange, blanc et noir, blanc et marron, tricolore* **Espérance de vie :** *12-14 ans* **Prix du chiot :** *environ 500 euros.*

Épagneul d'eau américain

Autre nom : *American Water Spaniel*
Utilisation : comme son nom l'indique, ce chien peut effectuer des tâches dans l'eau. Il est sans doute issu d'un croisement entre des Retrievers, l'Irish et l'English Water Spaniel. Très bon nageur, il a un excellent flair et est spécialiste des oiseaux aquatiques et des marais.

Éducation : 🐾
Ville : 🐾
Famille : 🐾 🐾 🐾
Soins : 🐾 🐾
Exercice : 🐾 🐾 🐾 🐾 🐾

Caractère : à la maison, chien amical et équilibré, mais qui s'habitue mal aux enfants. Bon gardien, sans être très agressif.
Environnement : ces chiens d'eau, dotés d'un poil bouclé imperméable à l'eau, emprisonnant l'air, sont plutôt rares. Malgré leur belle robe, il ne faut pas en faire des chiens de compagnie ; ils s'ennuieraient profondément.
Santé : DH, atrophie rétinienne progressive.
Convient aux : chasseurs.

RÉSUMÉ **Groupe 8/N° 301 :** *chiens rapporteurs de gibier, leveurs de gibier et d'eau* **Origine :** *États-Unis* **Taille :** *38-46 cm* **Poids :** *M 13,5-20,5 kg, F 11,5-18 kg* **Poil :** *imperméable à l'eau, bouclé, dans lequel l'air crée une couche isolante* **Couleur :** *brun chocolat, marron foie, petites marques blanches admises sur les orteils et le poitrail* **Espérance de vie :** *10-15 ans* **Prix du chiot :** *environ 1 000 euros.*

Épagneul japonais

Autre nom : *Chin*

Utilisation : ce chien est au Japon ce que le Pékinois est à la Chine. Il était certainement apparenté aux races chinoises à nez court. Petit chien à tête ronde au poil soyeux que les dames de la noblesse portaient dans les manches de leur kimono. En 1880, l'impératrice allemande Auguste Victoria en reçut un couple en présent de l'impératrice du Japon.

Éducation : 🐾
Ville : 🐾🐾🐾🐾🐾
Famille : 🐾🐾🐾
Soins : 🐾🐾🐾🐾🐾
Exercice : 🐾🐾🐾

Caractère : chien d'appartement vif, ouvert, doux envers ses maîtres et établissant avec eux un lien étroit. S'entend très bien avec les autres chiens. Facile à éduquer et docile, peu agressif, mais très vigilant.

Environnement : vit sans problème en appartement. Peut côtoyer également d'autres Chins. Aime jouer et faire des promenades.

Maladies : hydrocéphalie, difficulté de mise bas, yeux secs (manque de liquide lacrymal).

Convient aux : maîtres débutants.

RÉSUMÉ **Groupe 9/n° 206 :** *chiens d'agrément et de compagnie*
Origine : *Japon* **Taille :** *environ 28 cm* **Poids :** *environ 3 kg*
Poil : *abondant, long, soyeux* **Couleur :** *blanc avec des marques rouges ou noires, marques symétriques sur la tête.* **Espérance de vie :** *jusqu'à 15 ans* **Prix du chiot :** *environ 800 euros.*

Épagneul King Charles

Autre nom : *King Charles Spaniel*

Utilisation : au XIIIe siècle, l'une des nombreuses épouses de Henri VIII emportait ce chien avec elle. Celui-ci est plus petit que le Cavalier King Charles (→ voir page 77) et son museau est plus court. Les souverains anglais Charles Ier et Charles II s'occupaient presque davantage de leurs chiens que des affaires du royaume.

Éducation : 🐾 🐾
Ville : 🐾 🐾 🐾 🐾 🐾
Famille : 🐾 🐾 🐾
Soins : 🐾 🐾 🐾
Exercice : 🐾 🐾 🐾

Caractère : il est attaché à son maître. Fidèle, pacifique, aboie peu. N'apprécie guère les jeunes enfants turbulents.

Environnement : une éducation approfondie est nécessaire. À l'extérieur, montre toute sa personnalité. Fait aussi volontiers d'assez longues promenades.

Maladies : luxation de la rotule, problèmes oculaires et respiratoires, fontanelle ouverte, troubles cardiaques héréditaires.

Convient aux : débutants.

RÉSUMÉ **Groupe 9/n° 128 :** *chiens d'agrément et de compagnie*
Origine : *Grande-Bretagne*   **Taille :** *22-30 cm*   **Poids :** *3,5-6,5 kg*
Poil : *abondant, soyeux, long, droit, membres fortement frangés*
Couleur : *tricolore (autrefois «prince Charles»), noir et feu (autrefois «King Charles»), blenheim (blanc avec marques rouges), ruby (rouge châtain)*   **Espérance de vie :** *9-15 ans*   **Prix du chiot :** *environ 800 euros.*

Épagneul tibétain

Autre nom : *Tibetan Spaniel*

Utilisation : il fait aussi partie des «chiens-lions» et était destiné à faire tourner les moulins à prière dans les temples tibétains. En hiver, il faisait en quelque sorte office de «bouillotte vivante» pour les moines. Doté d'un bien meilleur flair que les autres chiens des temples, il ne se fait pas pour autant remarquer, peut-être parce qu'il hume l'air discrètement.

Éducation : 🐾🐾
Ville : 🐾🐾🐾🐾🐾
Famille : 🐾🐾🐾🐾
Soins : 🐾🐾🐾
Exercice : 🐾🐾🐾

Caractère : petit farceur actif, robuste et résistant. En tant que gardien des temples, il n'aime bien entendu pas les inconnus. Il est actif. Fait la course et chahute avec les enfants. Il peut aussi être bien éduqué si l'on fait preuve de douceur et se montre plus entêté que lui.

Environnement : ses exigences sont modestes, y compris en termes de promenades. Il faut le préserver des fortes chaleurs.

Maladies : chien en bonne santé, sans maladies particulières.

Convient aux : maîtres débutants.

RÉSUMÉ **Groupe 9/n° 231 :** *chiens d' agrément et de compagnie* **Origine :** *Tibet (Grande-Bretagne)* **Taille :** *environ 25 cm* **Poids :** *4,1-6,8 kg* **Poil :** *moyennement long, soyeux, double ; membres et oreilles bien frangés* **Couleur :** *toutes couleurs et combinaisons* **Espérance de vie :** *13-14 ans* **Prix du chiot :** *environ 800 euros.*

Eurasier

Utilisation : l'Eurasier a été élevé par Julius Wipfel pour être un chien domestique sociable et équilibré. Il est issu du Chow Chow, du Spitz-loup et du Samoyède. La race n'a été nommée Eurasier et officiellement reconnue qu'en 1973.

Éducation : 🐾 🐾 🐾
Ville : 🐾 🐾 🐾 🐾
Famille : 🐾 🐾 🐾 🐾
Soins : 🐾 🐾 🐾
Exercice : 🐾 🐾 🐾

Caractère : comportement très sociable. Chien agréable et calme, qui peut aussi être têtu. Très fidèle et sensible, c'est un compagnon vigilant, sans être agressif. Réservé envers les inconnus.

Environnement : il veut prendre part à la vie familiale, mais n'a pas besoin de se dépenser énormément. Il donne parfois l'impression de s'intéresser au sport, mais ne veut pas absolument gagner. L'instinct de chasseur, qui lui vient du Samoyède, transparaît parfois au cours des promenades. Obéissant si l'on fait preuve de fermeté et d'affection.

Maladies : rarement malade.

Convient aux : maîtres débutants.

RÉSUMÉ **Groupe 5/n° 291 :** *chiens de type Spitz et de type primitif* **Origine :** *Allemagne* **Taille :** *48-60 cm* **Poids :** *18-32 kg* **Poil :** *abondant, de longueur moyenne, bien couché, avec un sous-poil épais* **Couleur :** *toutes, sauf blanc, blanc tacheté ou marron foie* **Espérance de vie :** *jusqu'à 15 ans* **Prix du chiot :** *environ 800 euros.*

Field Spaniel

Utilisation : un des rares Spaniels à avoir été croisé avec de nombreuses races et modifié selon les modes. Il a d'abord été considéré comme une variété de Cocker (→ voir page 99). C'était autrefois un bon chien de

Éducation :	🐾🐾🐾
Ville :	🐾
Famille :	🐾🐾🐾
Soins :	🐾
Exercice :	🐾🐾🐾🐾🐾

chasse destiné aux terrains imprévisibles. En 1945, la race était presque éteinte. Le croisement avec des Cockers et des Springers anglais a ensuite donné un chien familial agréable. Sa constitution est très harmonieuse et il ne paraît pas trop massif.

Caractère : chien calme et doux. Comme il est toutefois plus entêté que les autres Spaniels, il doit être éduqué patiemment, mais rigoureusement.

Environnement : moins voyant que d'autres Spaniels, il n'est pas très connu en France.

Maladies : DH occasionnellement. Est réputé sensible aux produits anesthésiants.

Convient aux : maîtres débutants.

RÉSUMÉ **Groupe 8/n° 123 :** *chiens rapporteurs de gibier, leveurs de gibier et d'eau* **Origine :** *Grande-Bretagne* **Taille :** *46 cm* **Poids :** *16-22,5 kg* **Poil :** *relativement long, très frangé, dense, soyeux et brillant* **Couleur :** *noir, marron ou rouan avec ou sans marques feu* **Espérance de vie :** *10-12 ans* **Prix du chiot :** *jusqu' à 1 000 euros.*

Foxhound anglais

Autre nom : *English Foxhound*

Utilisation : ce chien est utilisé par les Britanniques pour la chasse à courre en meute depuis le VIe siècle. La race n'a jamais été élevée pour sa beauté, mais pour ses aptitudes, qui font l'objet depuis longtemps d'un certificat.

Éducation : 🐾🐾🐾🐾
Ville : non
Famille : 🐾
Soins : 🐾
Exercice : 🐾🐾🐾🐾🐾

Caractère : chien qui a du tempérament, affectueux, conciliant à l'égard des enfants, souple et acceptant les autres chiens.

Environnement : malgré ces qualités, ce chasseur ne fait pas un bon chien domestique car il n'aime vivre qu'en compagnie d'autres chiens, en chenil et en meute. Exceptionnellement et sous certaines conditions, il arrive pourtant qu'il vive à l'intérieur.

Maladies : race presque dépourvue de problèmes héréditaires. La thrombocytopathie (maladie du sang) ne touche que les Foxhounds.

Convient aux : spécialistes (propriétaires d'une meute).

RÉSUMÉ **Groupe 6/n° 159 :** *chiens courants et de recherche au sang* **Origine :** *Grande-Bretagne* **Taille :** *58-64 cm* **Poids :** *22-28 kg* **Poil :** *court, fourni, dur, brillant* **Couleur :** *toutes les couleurs des chiens courants* **Espérance de vie :** *environ 10-12 ans* **Prix du chiot :** *environ 500 euros.*

Fox-Terrier à poil dur

Utilisation : le renard est en Angle-terre comme en Écosse le plus grand ennemi des bergers. Ceux-ci chassent de son terrier ce voleur d'agneaux grâce à leurs courageux et robustes Fox-Terriers – qui portent bien leur

Éducation : 🐾🐾🐾
Ville : 🐾🐾🐾
Famille : 🐾🐾🐾🐾
Soins : 🐾🐾🐾🐾🐾
Exercice : 🐾🐾🐾🐾🐾

nom – et le tuent. Au début du siècle dernier, le Fox-Terrier était un chien de compagnie très à la mode. Cependant, il a échappé à un élevage intensif.

Caractère : chien fier, entreprenant, docile et vigilant.

Environnement : en raison de sa rudesse et de sa passion toujours marquée pour la chasse, il a besoin d'être fermement pris en main et éduqué précocement. Il est fait pour la pratique du sport canin. Une épilation régulière effectuée par un spécialiste est nécessaire.

Maladies : affections oculaires et osseuses, surdité, goitre.

Convient aux : maîtres expérimentés.

RÉSUMÉ **Groupe 3/n° 169 :** *Terriers* **Origine :** *Grande-Bretagne* **Taille :** *39 cm* **Poids :** *environ 8 kg* **Poil :** *fil de fer, dense, frisé* **Couleur :** *blanc dominant, avec des marques feu, noires ou noires et feu sur la tête, le corps et la naissance de la queue* **Espérance de vie :** *12 ans et plus* **Prix du chiot :** *environ 800 euros.*

Fox-Terrier à poil lisse

Utilisation : ce chien ne se distingue du Fox-Terrier à poil dur que par son pelage, mais les cynologues le considèrent comme une race distincte. Si pour correspondre au standard de beauté, le Fox-Terrier à poil dur doit

Éducation : 🐾🐾🐾
Ville : 🐾
Famille : 🐾🐾🐾
Soins : 🐾
Exercice : 🐾🐾🐾🐾🐾

être épilé au couteau par un spécialiste, le Fox-Terrier à poil lisse montre naturellement sa constitution athlétique.

Caractère : le Fox-Terrier à poil lisse possède les mêmes qualités que son frère à poil dur, mais légèrement accentuées : il est plus robuste, plus entreprenant, plus fier. Comme lui également, il aime se battre contre les chiens qu'il rencontre.

Environnement : a besoin de beaucoup chasser ou de pratiquer plus intensivement un sport canin, un entraînement par semaine étant nettement insuffisant. Éduqué correctement, ce chien est véritablement exceptionnel.

Maladies : peu de problèmes, excepté de rares affections oculaires.

Convient aux : maîtres expérimentés.

RÉSUMÉ **Groupe 3/n° 12 :** *Terriers*   **Origine :** *Grande-Bretagne*
Taille : *39 cm*   **Poids :** *8 kg*   **Poil :** *lisse, droit, dense, court, imperméable, sous-poil doux*   **Couleur :** *blanc, blanc et marques fauves ou noires et feu*   **Espérance de vie :** *plus de 12 ans*
Prix du chiot : *environ 800 euros.*

Golden Retriever

Utilisation : l'éleveur du Golden Retriever était Lord Tweedmouth. Ce dernier l'obtint à partir d'un croisement entre un Tweed-Water Spaniel, un Setter irlandais et un Bloodhound sable. La race a été reconnue en 1913.

Éducation : 🐾
Ville : 🐾🐾
Famille : 🐾🐾🐾🐾
Soins : 🐾🐾🐾
Exercice : 🐾🐾🐾🐾🐾

Caractère : ce chien apprécie énormément les enfants. Facile à éduquer et pacifique, y compris envers les autres animaux du domicile. Ce n'est pas le chien d'un seul maître, mais un chien familial qui s'adapte facilement.

Environnement : nageur et rapporteur passionné. Un chien pour l'extérieur, qui a besoin de beaucoup d'activité. Les sports canins lui conviennent très bien. À la mode, il a fait l'objet d'un élevage intensif qui a créé des problèmes. Il faut donc choisir soigneusement son chiot, uniquement auprès d'un éleveur reconnu.

Maladies : DH, problèmes oculaires, ARP, épilepsie.

Convient aux : maîtres débutants.

RÉSUMÉ **Groupe 8/n° 111 :** *chiens rapporteurs de gibier, leveurs de gibier et d'eau* **Origine :** *Grande-Bretagne* **Taille :** *M 56-61 cm, F 51-56 cm* **Poids :** *M 32-37 kg, F 27-32 kg* **Poil :** *poil de couverture lisse ou légèrement ondulé, avec des franges et un sous-poil dense* **Couleur :** *tous les tons dorés ou crème* **Espérance de vie :** *12-15 ans* **Prix du chiot :** *800 à 1 200 euros.*

Gos d'Atura Catalá

Autres noms : *Chien de berger cata-lan, Perro de Pastor Catalan*

Éducation : 🐾
Ville : 🐾
Famille : 🐾🐾🐾
Soins : 🐾🐾🐾
Exercice : 🐾🐾🐾🐾🐾

Utilisation : depuis des siècles, ces chiens sont utilisés par les bergers catalans pour la conduite de trou-peaux. La race est apparue au XVIIIe siècle. Comme elle n'a jamais été élevée pour sa beauté, mais uniquement pour ses aptitudes, jusqu'à aujourd'hui, elle présente des chiens de types variés. Il existe en outre une variété à poil court, très rare.

Caractère : comme tous les gardiens de troupeaux, chien docile et sociable, vigilant et plutôt méfiant envers les étrangers. Les mâles peuvent être très entêtés.

Environnement : comme il est peu sensible aux intempéries, il pré-fère passer son temps à l'extérieur, mais de préférence aux côtés de ses maîtres. Aimant courir, il apprécie les personnes sportives qui lui font faire beaucoup d'exercice.

Maladies : rarement malade.

Convient aux : maîtres débutants.

RÉSUMÉ **Groupe 1/n° 87** : *chiens de berger et de bouvier*
Origine : *Espagne* **Taille :** *45-55 cm* **Poids :** *environ 20 kg*
Poil : *dur, de longueur moyenne, avec sous-poil* **Couleur :** *fauve, sable, gris et noir avec marques claires* **Espérance de vie :** *plus de 10 ans* **Prix du chiot :** *environ 600 euros.*

Grand Bouvier suisse

Utilisation : la race est issue de molossoïdes et est l'ancêtre du Saint-Bernard (→ voir page 180). Le Grand Bouvier suisse était un chien de ferme et de troupeau pour les agriculteurs et les bouchers, ou un chien de trait dans

Éducation : 🐾🐾
Ville : non
Famille : 🐾🐾🐾🐾
Soins : 🐾
Exercice : 🐾🐾🐾

le cadre domestique. La race fait l'objet d'un élevage depuis 1908.
Caractère : chien imposant, à l'instinct de protection inné. Légèrement réservé envers les inconnus, jusqu'à ce qu'il les connaisse. Généralement amical, équilibré, calme avec un seuil d'excitation élevé et facile à éduquer. N'a pas tendance à errer.
Environnement : a peu besoin de courir, mais apprécie les grandes promenades au cours desquelles il peut se servir de son flair exceptionnel. En appartement, il a besoin d'assez de place. Le jardin ne doit pas être trop petit. Il apprécie les jeux qui sollicitent son intelligence.
Maladies : DH et problèmes articulaires.
Convient aux : maîtres expérimentés.

RÉSUMÉ **Groupe 2/n° 58 :** *Pinschers et Schnauzers, molossoïdes, chiens de bouvier suisses* **Origine :** *Suisse* **Taille :** *M 65-72 cm, F 60-68 cm* **Poids :** *environ 40 kg* **Poil :** *court, épais, brillant* **Couleur :** *noir avec feux brun-roux et marques blanches* **Espérance de vie :** *8-10 ans et plus* **Prix du chiot :** *environ 800 euros.*

Grand Caniche

Utilisation : voici une race de chien très ancienne, dont on connaît mal l'origine. On sait toutefois que le Caniche était un chasseur d'oiseaux aquatiques exceptionnel. Il a donné naissance à beaucoup de chiens de

Éducation : 🐾
Ville : 🐾🐾🐾🐾
Famille : 🐾🐾🐾🐾
Soins : 🐾🐾🐾🐾🐾
Exercice : 🐾🐾🐾🐾

chasse et de berger. Il en existe de quatre tailles différentes. Tondu d'une manière spécifique, surtout s'il participe à des expositions, le Caniche est l'un des chiens de compagnie les plus appréciés de notre époque.

Caractère : peut tout apprendre. Facile à éduquer, agréable, ouvert et camarade de jeu amusant pour les enfants. Vigilant, mais non hargneux.

Environnement : chien robuste, qui aime courir et « être de la partie ». A besoin de liens familiaux étroits. La pratique de l'agility lui convient. Il ne mue pas.

Maladies : DH, infections des oreilles, affections oculaires, ARP.

Convient aux : maîtres débutants.

RÉSUMÉ **Groupe 9/n° 172 :** *chiens de compagnie et d'agrément*
Taille : *45-58 cm* **Poids :** *22 kg* **Poil :** *double, abondant, laineux et frisé* **Couleur :** *noir, blanc, châtaigne, gris et abricot*
Espérance de vie : *10-14 ans* **Prix du chiot :** *environ 900 euros.*

Grand Chien japonais

Autre nom : *Akita américain*
Utilisation : en 1937, Helen Keller, écrivain américain, sourde et aveugle, se vit offrir deux Akita Inu. En Amérique, leur aspect imposant fut encore renforcé par l'élevage. En 1999, la FCI baptisa donc l'Akita américain « Grand Chien japonais ».

Éducation : 🐾🐾🐾
Ville : 🐾🐾🐾
Famille : 🐾🐾🐾
Soins : 🐾🐾🐾
Exercice : 🐾🐾

Caractère : fier, plein d'assurance, dominant. Sera de préférence le seul chien. Calme et discret en appartement. Aboie rarement. S'intègre harmonieusement à la famille s'il est éduqué précocement. Tolère les enfants de la famille, mais est réservé envers les inconnus.
Environnement : il a absolument besoin de liens familiaux étroits et de beaucoup se dépenser, ce qui le rendra moins agité. La vie en chenil le rendrait agressif.
Maladies : DH, ARP, épilepsie, maladies auto-immunes.
Convient aux : maîtres expérimentés.

RÉSUMÉ **Groupe 2/n° 344** : *Pinschers et Schnauzers, molossoïdes, chiens de montagne et de bouvier suisses* **Origine :** *Japon*
Taille : *M 65-70 cm, F 60-65 cm* **Poids :** *45-50 kg* **Poil :** *double, dense, légèrement écarté, avec un sous-poil dense* **Couleur :** *toutes couleurs y compris le blanc, le bringé et le tacheté*
Espérance de vie : *10 ans et plus* **Prix du chiot :** *1 100 euros.*

Grand Épagneul de Münster

Autre nom : *Grosser Münsterländer Vorstehhund*

Éducation : 🐾
Ville : non
Famille : 🐾🐾🐾🐾
Soins : 🐾🐾
Exercice : 🐾🐾🐾🐾🐾

Utilisation : il a pour ancêtres les chiens d'oiseaux du Moyen Âge et a longtemps été considéré comme une variété noire et blanche du Chien d'arrêt allemand à poil long. La race est élevée distinctement depuis 1919. Le Grand Épagneul de Münster est un chien polyvalent, à la fois leveur de gibier, chien d'arrêt et rapporteur.

Caractère : parfois sensible et également nerveux. Un chien qui aime travailler et apprend vite. Lorsqu'il peut chasser, c'est un chien équilibré, affectueux, docile et particulièrement fidèle. Il est aussi très vigilant et impitoyable envers les prédateurs.

Environnement : il doit appartenir à un chasseur, car chasser lui est indispensable. L'affection de sa famille est nécessaire. Il doit aussi pouvoir nager à l'occasion.

Maladies : peu de problèmes de santé.

Convient aux : maîtres expérimentés.

RÉSUMÉ **Groupe 7/n° 118 :** *chiens d'arrêt* **Origine :** *Allemagne* **Taille :** *M 61 cm, F 59 cm* **Poids :** *25-29 kg* **Poil :** *long, dense, droit, et court et couché sur la tête* **Couleur :** *blanc avec des plages et des mouchetures noires ou grisonné, tête noire, éventuellement liste blanche* **Espérance de vie :** *10 ans et plus* **Prix du chiot :** *environ 600 euros.*

Greyhound

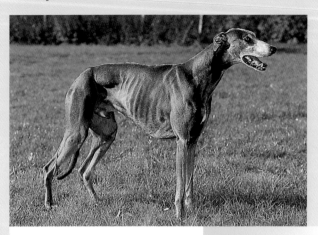

Utilisation : cette race très ancienne dégage une prestance aristocratique et une impression de vélocité. Les empereurs et les rois se sont entourés de ces chiens. Ils sont aujourd'hui cruellement exploités dans le cadre de courses et parfois même abattus par leurs propriétaires lorsqu'ils ne sont plus assez performants.

Éducation : 🐾🐾
Ville : non
Famille : 🐾🐾🐾
Soins : 🐾
Exercice : 🐾🐾🐾🐾🐾

Caractère : les Greyhounds sont des compagnons affectueux, calmes et conciliants. Ils sont amicaux et ne s'imposent pas. Les chiens de course «réformés» ont souvent beaucoup de retard du point de vue de la socialisation.

Environnement : un grand terrain soigneusement clôturé est indispensable, car le Greyhound, en raison de son extrême passion pour la chasse, ne doit pas courir en liberté. Il est recommandé de lui faire prendre de l'exercice dans un bon club canin de course.

Maladies : rarement malade.

Convient aux : maîtres expérimentés.

RÉSUMÉ **Groupe 10/n° 158 :** *Lévriers* **Origine :** *Grande-Bretagne* **Taille :** *M 71-78 cm, F 68,5-71 cm* **Poids :** *25-30 kg* **Poil :** *court, lisse, couché* **Couleur :** *toutes les couleurs, avec ou sans marques blanches* **Espérance de vie :** *environ 10 ans* **Prix du chiot :** *environ 900 euros.*

Griffon bruxellois

Utilisation : parmi les Griffons belges, le Griffon bruxellois et l'Affenpinscher (voir page 28) ont sans doute le même ancêtre ébouriffé ; ils ont toutefois ensuite été élevés comme deux races distinctes, en tant qu'Affenpinscher pour la variété noire et Griffon bruxellois pour la variété à poil roux. Ce chien n'est pas particulièrement répandu, car il est relativement difficile à élever et son aspect ne correspond peut-être plus aux goûts actuels.

Éducation : 🐾🐾
Ville : 🐾
Famille : 🐾
Soins : 🐾🐾
Exercice : 🐾🐾

Caractère : chien d'appartement vif, fidèle et robuste, facile à transporter, qui court et joue volontiers.

Environnement : aboie rarement et doucement, peut-être en raison d'une mauvaise oxygénation due à son nez en retrait. Ses yeux pleurent beaucoup.

Maladies : la région des yeux et du nez doit être consciencieusement soignée. Il ronfle.

Convient aux : maîtres débutants.

RÉSUMÉ **Groupe 9/n° 63 :** *chiens d'agrément et de compagnie*
Origine : *Belgique* **Taille :** *25 cm* **Poids :** *environ 4 kg*
Poil : *dur* **Couleur :** *roux* **Espérance de vie :** *15 ans et plus*
Prix du chiot : *environ 800 euros.*

Groenendael

Autre nom : *Berger belge*
Utilisation : variété noire du groupe des Bergers belges, dont le professeur Reul encouragea l'élevage en tant que race distincte à partir de 1891. Les Bergers belges sont des chiens de taille moyenne, endurants, qui travaillent de façon autonome et sont dotés d'un instinct de protection. Ils ont évolué différemment selon les régions et depuis, constituent quatre races différentes.

Éducation : 🐾
Ville : 🐾🐾
Famille : 🐾🐾🐾🐾
Soins : 🐾🐾🐾
Exercice : 🐾🐾🐾🐾

Caractère : chien docile, travailleur. Très fiable en présence des enfants et agréable en famille. Vigilant, sans être agressif. Un bon dressage précoce est indispensable.
Environnement : a besoin d'activité physique et de tâches qui sollicitent son intelligence. Adapté à la pratique d'un sport canin comme l'agility.
Maladies : rarement malade.
Convient aux : maîtres débutants.

RÉSUMÉ **Groupe 1/n° 15 :** *chiens de berger et de bouvier*
Origine : *Belgique* **Taille :** *M environ 62 cm, F 58 cm* **Poids :** *M 27-32 kg, F 22,5-25 kg* **Poil :** *long, lisse, double* **Couleur :** *noir*
Espérance de vie : *12-14 ans* **Prix du chiot :** *environ 800 euros.*

Hovawart

Utilisation : le Hovawart, « gardien de la ferme » en allemand du Moyen Âge, a bien changé depuis cette époque. Vers 1920, Kurt F. König croisa des chiens de ferme, de conduite de troupeau et des bouviers avec des Terre-Neuve, des Bergers allemands, des Kuvasz et des Leonbergs. La race a été reconnue en 1937.

Éducation : 🐾
Ville : 🐾
Famille : 🐾🐾🐾🐾
Soins : 🐾🐾
Exercice : 🐾🐾🐾🐾

Caractère : gardien et protecteur fiable, qui peut sans apprentissage spécifique distinguer les personnes inoffensives de celles qui sont menaçantes. Aime son maître et sa famille. Doit être éduqué précocement, de façon cohérente et en douceur.

Environnement : familial. Doit beaucoup se dépenser à l'extérieur en ayant des activités intelligentes. Ses propriétaires surestiment souvent son besoin de pratiquer un sport canin comme l'agility à un haut niveau.

Maladies : problèmes de cartilage durant la croissance, affections du genou.

Convient aux : maîtres expérimentés.

RÉSUMÉ **Groupe 2/n° 190 :** *Pinschers et Schnauzers, molossoïdes, chiens de bouvier suisses* **Origine :** *Allemagne* **Taille :** *M 63-70 cm, F 58-65 cm* **Poids :** *M 30-40 kg, F 25-35 kg* **Poil :** *légèrement ondulé, poil long presque dur* **Couleur :** *blond, noir et noir marqué de feu* **Espérance de vie :** *10-12 ans et plus* **Prix du chiot :** *800 à 900 euros.*

Husky sibérien

Utilisation : il fait partie des chiens nordiques qui n'appartiennent pas à nos latitudes. Être attelé à un traîneau et le tirer dans la neige au sein d'un attelage est sa passion. Le Husky provient de Sibérie et est arrivé de l'Alaska jusque dans nos contrées. En compensation de son rôle habituel, il pourra tirer de petites charrettes munies de pneus, la neige étant plutôt rare dans notre pays.

Éducation : 🐾 🐾 🐾
Ville : non
Famille : 🐾 🐾
Soins : 🐾 🐾
Exercice : 🐾 🐾 🐾 🐾 🐾

Caractère : affectueux envers sa famille et amical vis-à-vis des inconnus. Équilibré. Il apprend vite, mais n'obéit pas aveuglément. A un fort instinct de chasseur et d'aventurier.

Environnement : il doit disposer d'un jardin bien clôturé. Le Husky a absolument besoin d'activité et d'occasions de courir : courses de traîneau ou de charrette, course au côté d'un vélo ou d'un joggeur, et ce quotidiennement !

Maladies : DH, ARP, affections cutanées.

Convient aux : maîtres expérimentés.

RÉSUMÉ **Groupe 5/n° 270 :** *chiens de type Spitz et de type primitif* **Origine :** *États-Unis* **Taille :** *M 53-60 cm, F 51-56 cm* **Poids :** *16-27 kg* **Poil :** *dense, double, laineux* **Couleur :** *toutes couleurs et nuances* **Espérance de vie :** *10 ans et plus* **Prix du chiot :** *environ 800 euros.*

Irish Terrier

Autre nom : *Terrier irlandais*

Utilisation : ce chien, travailleur acharné, fut sélectionné pour ses performances par les fermiers et les chasseurs irlandais. Trop grand pour entrer dans un terrier, il servait sans doute à combattre différents prédateurs. Il tuait par exemple sans difficulté les lièvres et les blaireaux.

Éducation :	🐾 🐾 🐾
Ville :	🐾 🐾
Famille :	🐾 🐾
Soins :	🐾 🐾 🐾
Exercice :	🐾 🐾 🐾 🐾 🐾

Caractère : il n'a peur de rien. Se battre avec d'autres chiens est son activité de prédilection. Forte personnalité, qui a besoin d'un maître ferme. Intelligent et très docile. Doux et dévoué envers son maître.

Environnement : ce «diable d'homme» comme l'appellent les Irlandais, doit être gardé sous contrôle absolu. S'il ne chasse pas, il doit pratiquer une activité de remplacement, qui lui permette de s'accoutumer à l'obéissance. Épiler régulièrement.

Maladies : calculs vésicaux, eczéma, dépilations, déformations des coussinets.

Convient aux : maîtres expérimentés.

RÉSUMÉ **Groupe 3/n° 139 :** *Terriers* **Origine :** *Irlande* **Taille :** *46-48 cm* **Poids :** *environ 12,5 kg* **Poil :** *dur, «fil de fer», avec un sous-poil souple* **Couleur :** *uniformément roux* **Espérance de vie :** *12-14 ans* **Prix du chiot :** *environ 800 euros.*

Karabash

Utilisation : Karabash signifie «tête noire». En Turquie, ce chien est aussi appelé «Comar» ou «Samsun». Contrairement au Berger d'Anatolie, qui était élevé comme une race pure à partir du Karabash par les classes aisées, et généralement mieux nourri, le Karabash est le chien polyvalent des agriculteurs et bergers turcs.

Éducation : 🐾🐾🐾🐾
Ville : non
Famille : 🐾
Soins : 🐾
Exercice : 🐾🐾🐾

Caractère : pas de différence avec le Kangal. Comme celui-ci, c'est un authentique chien de protection de troupeau.

Environnement : les chiens de protection de troupeau ne doivent pas devenir des chiens familiaux ou de compagnie. Le lieu où vit le Karabash doit être une ferme, à la campagne, qu'il protégera de manière fiable. En aucun cas il ne faut l'emmener dans des endroits inconnus, où son instinct de protection serait de son point de vue sans cesse sollicité et où il pourrait se montrer dangereux pour son environnement.

Maladies : dysplasie de la hanche.

Convient aux : spécialistes.

RÉSUMÉ **FCI :** *non reconnu* **Origine :** *Turquie* **Taille :** *M 74-85 cm, F 71-79 cm* **Poids :** *M 50-68 kg, F 40-55 kg* **Poil :** *court, épais* **Couleur :** *beige ou gris, avec un masque ou une tête foncés* **Espérance de vie :** *12-15 ans* **Prix du chiot :** *environ 500 euros.*

Kelpie

Autre nom : *Australian Kelpie*

Utilisation : ce qu'est le Bouvier australien pour les éleveurs de bétail, le Kelpie l'est pour les immenses troupeaux de moutons australiens. Il est issu du Colley écossais à poil court.

Éducation : 🐾
Ville : non
Famille : 🐾 🐾
Soins : 🐾
Exercice : 🐾 🐾 🐾 🐾 🐾

Lorsqu'en 1872, une chienne nommée Kelpie de cette race récemment créée remporta le premier concours national de chiens de berger, son nom fut donné à la race.

Caractère : chien zélé et équilibré, pour qui le travail est une passion. Pour dépasser les moutons, il court sur leur dos. S'occupe seul du troupeau.

Environnement : sous réserve d'avoir suffisamment d'activités, ce que permet le sport canin, il peut aussi être un chien familial. Il faut supporter son tempérament. Doit être éduqué énergiquement.

Maladies : peu de maladies héréditaires.

Convient aux : maîtres expérimentés.

RÉSUMÉ **Groupe 1/N° 293 :** *chiens de berger et de bouvier*
Origine : *Australie*   **Taille :** *M 46-51 cm, F 43-48 cm*   **Poids :** *16-22 kg*   **Poil :** *court*   **Couleur :** *noir, noir et feu, rouge, rouge et feu, brun chocolat, bleu fumée*   **Espérance de vie :** *environ 10 ans*
Prix du chiot : *environ 800 euros.*

Kerry Blue Terrier

Utilisation : un chien robuste, originaire du comté de Kerry en Irlande, et polyvalent. Il est à la fois chien de garde, chasseurs de rats et de souris, gardien de troupeau et apporte son concours dans la chasse au blaireau, au lièvre et aux oiseaux. Excellent rapporteur.

Éducation : 🐾🐾
Ville : 🐾🐾
Famille : 🐾🐾
Soins : 🐾🐾🐾🐾🐾
Exercice : 🐾🐾🐾🐾🐾

Caractère : intelligent et docile. Bon gardien, aboie, mais modérément. N'apprécie pas les inconnus. Peut se montrer entêté et lunatique. Doté d'une forte personnalité, il ne convient pas aux débutants. Un connaisseur actif et sportif, qui le dirige avec fermeté mais doigté aura avec lui les meilleures chances. Il se bagarre passionnément avec les autres chiens.

Environnement : si en Angleterre il est toiletté afin d'être exposé, ce n'est toutefois pas un chien d'intérieur. Il faut beaucoup l'occuper, conformément à ses aptitudes. Lorsque cela est le cas, c'est un chien familial intéressant.

Maladies : DH, microphtalmie, entropion, tendance aux tumeurs.
Convient aux : spécialistes.

RÉSUMÉ **Groupe 3/n° 3 :** *Terriers* **Origine :** *Irlande* **Taille :** *47 cm* **Poids :** *15-18 kg* **Poil :** *soyeux, souple, dense, ondulé* **Couleur :** *bleu, avec ou sans masque noir* **Espérance de vie :** *10-13 ans* **Prix du chiot :** *environ 800 euros.*

Komondor

Utilisation : est connu dès le XVIᵉ siècle comme le chien de berger hongrois, qui était chargé de protéger les troupeaux. Sa robe se compose de cordes feutrées et longues, qui le protégeaient aussi bien de la morsure des loups que des intempéries. Seul l'intérêt des éleveurs de cette race l'a préservée de l'extinction.

Éducation : 🐾 🐾 🐾 🐾
Ville : non
Famille : 🐾
Soins : 🐾 🐾 🐾 🐾 🐾
Exercice : 🐾 🐾 🐾 🐾 🐾

Caractère : chien calme, sérieux, fier, qui prend seul ses décisions, sans tenir compte des ordres. Il n'est absolument pas soumis, ce qui le rend difficile à éduquer.

Environnement : il ne doit être confié qu'à des amateurs de la race, habitués aux particularités de son caractère et de sa robe difficile à entretenir. Celle-ci requiert en effet des connaissances spécifiques.

Maladies : DH, irritations et infections cutanées.

Convient aux : spécialistes expérimentés.

RÉSUMÉ **Groupe 1/n° 53 :** *chiens de berger et de bouvier*
Origine : *Hongrie*   **Taille :** *65-80 cm*   **Poids :** *40-60 kg*   **Poil :** *épais, imperméable, double, composé de longues cordes entortillées*   **Couleur :** *blanc*   **Espérance de vie :** *environ 10 ans et plus*
Prix du chiot : *environ 1 000 euros.*

Kooikerhondje

Utilisation : la capture de canards sauvages à Kojen avec l'aide de l'un de ces chiens est en Hollande une très vieille tradition : un canal était partiellement recouvert d'un grillage métallique ; dans la partie non couverte, des canards apprivoisés étaient élevés et nourris en présence du chien. Lorsque des canards sauvages faisaient halte, le chien courait le long de la rive, et les canards apprivoisés nageaient jusqu'à la partie couverte, car ils étaient en général nourris à l'arrivée du chien. Les canards sauvages se joignaient à eux et se retrouvaient protégés par le grillage.

Éducation : 🐾
Ville : 🐾 🐾 🐾
Famille : 🐾 🐾 🐾
Soins : 🐾
Exercice : 🐾 🐾 🐾 🐾

Caractère : Aujourd'hui, le Kooikerhondje est un chien de compagnie apprécié, car il est intelligent, docile et facile à éduquer. Joyeux, vif et vigilant.

Environnement : il ne supporte pas les enfants brutaux.

Maladies : pas de maladies spécifiques connues.

Convient aux : maîtres débutants.

RÉSUMÉ **Groupe 8/n° 314 :** *chiens rapporteurs de gibier, leveurs de gibier et d'eau* **Origine :** *Pays-Bas* **Taille :** *35-40 cm* **Poids :** *environ 10 kg* **Poil :** *de longueur moyenne, fine, membres antérieurs, queue et oreilles frangés* **Couleur :** *blanc avec plaques rouge orangé* **Espérance de vie :** *environ 12 ans et plus* **Prix du chiot :** *environ 800 euros.*

Kromfohrländer

Utilisation : Ilse Schleifenbaum croisa par hasard en 1945 une chienne Fox-Terrier à poil dur avec semble-t-il un Griffon de Bretagne et obtint une portée uniforme de chiens blancs et marron. Fascinée par leur apparence et leur caractère, elle en poursuivit l'élevage. La race a été reconnue en 1955.

Éducation : 🐾
Ville : 🐾 🐾 🐾 🐾
Famille : 🐾 🐾 🐾 🐾
Soins : 🐾
Exercice : 🐾 🐾 🐾

Caractère : «C'est un mélange de gaieté et de réserve. Le Kromfohrländer est fidèle sans être soumis, fiable, volontaire et dépourvu de penchant exagéré pour la rébellion.» (Ilse Schleifenbaum)

Environnement : bon gardien, qui aboie volontiers. S'entend bien avec les enfants d'âge moyen. A absolument besoin de l'affection de sa famille et de personnes actives, qui ne manquent pas d'imagination pour l'occuper.

Maladies : affections du genou.

Convient aux : maîtres débutants.

RÉSUMÉ **Groupe 9/n° 192 :** *chiens d'agrément et de compagnie*
Origine : *Allemagne* **Taille :** *38-46 cm* **Poids :** *10-16 kg* **Poil :** *lisse ou fil de fer* **Couleur :** *blanc avec des marques marron clair*
Espérance de vie : *15-17 ans* **Prix du chiot :** *environ 400 euros.*

Kuvasz

Utilisation : le nom de « Kuvasz » vient du turc et signifie « protecteur ». C'était en effet la fonction de ce chien lorsqu'il est arrivé en Hongrie en compagnie de bergers nomades. Lorsqu'il faillit s'éteindre durant la Seconde Guerre mondiale puis en 1956, durant la révolution hongroise, l'effectif de la race dut être reconstitué à partir de chiens d'élevages étrangers.

Éducation : 🐾🐾🐾
Ville : non
Famille : 🐾🐾
Soins : 🐾🐾🐾
Exercice : 🐾🐾🐾

Caractère : forte personnalité. Il ne trouvera sa place dans la hiérarchie familiale que grâce à une éducation intensive dès le plus jeune âge. Lorsque c'est le cas, il s'agit d'un compagnon agréable, gardien et protecteur infaillible.

Environnement : a besoin de suffisamment de place et de prendre régulièrement de l'exercice. Son maître doit avoir toutes les qualités d'un bon chef de meute.

Maladies : DH, problèmes cutanés comme tous les chiens blancs.

Convient aux : maîtres expérimentés.

RÉSUMÉ **Groupe 1/n° 54 :** *chiens de berger et de bouvier*
Origine : *Hongrie* **Taille :** *70-76 cm* **Poids :** *environ 52 kg*
Poil : *long, double, légèrement ondulé ou couché* **Couleur :** *blanc ou ivoire* **Espérance de vie :** *jusqu' à 10 ans* **Prix du chiot :** *environ 800 euros.*

Labrador Retriever

Utilisation : le Labrador – qu'il soit jaune, chocolat ou noir – est l'un des chiens de compagnie les plus polyvalents à l'heure actuelle. Il vient du sud de Terre-Neuve et était élevé comme un chien d'eau. Les Anglais l'améliorèrent en le croisant avec des Pointers. C'est un bon chien de chasse, ainsi qu'un chercheur de drogue, un chien de sauvetage et d'avalanche et un guide d'aveugle exceptionnel.

Éducation : 🐾
Ville : 🐾🐾🐾🐾
Famille : 🐾🐾🐾🐾🐾
Soins : 🐾
Exercice : 🐾🐾🐾

Caractère : chien stable sur le plan nerveux, avec une nature équilibrée. Fidèle, n'erre et ne braconne pas. Patient et joueur avec les enfants, également câlin.
Environnement : malgré toutes ses qualités, a besoin d'une éducation constante. Il faut surveiller son grand appétit, faute de quoi il s'ankyloserait et s'ennuierait. Ne pose aucun problème dans les espaces publics.
Maladies : DH, dysplasie du coude, ARP, épilepsie, cataracte, hyperthyroïdie.
Convient aux : maîtres débutants.

RÉSUMÉ **Groupe 8/n 122 :** *chiens rapporteurs de gibier, leveurs de gibier et chiens d' eau* **Origine :** *Grande-Bretagne* **Taille :** *54-62 cm* **Poids :** *25-36 kg* **Poil :** *poil de couverture court, dense, avec sous-poil imperméable* **Couleur :** *noir, chocolat, jaune* **Espérance de vie :** *11-15 ans* **Prix du chiot :** *900 euros.*

Laekenois

Utilisation : il fait partie des quatre Bergers belges. Ce chien était élevé par une famille de bergers dans le parc du château de Laeken. À poil dur, il a toujours été quelque peu négligé, car contrairement aux autres Bergers belges (→ voir pages 132, 155, 221), il est plutôt rare. Sa robe ébouriffée en est peut-être la cause.

Éducation : 🐾🐾
Ville : non
Famille : 🐾🐾🐾
Soins : 🐾
Exercice : 🐾🐾🐾🐾🐾

Caractère : bon chien de berger, le Laekenois est un gardien attentif et un protecteur courageux. Il est équilibré et plus calme que ses proches parents, toujours en mouvement, mais parfois aussi plus nerveux.

Environnement : robuste, il séjourne de préférence à l'extérieur, mais apprécie les liens familiaux étroits. Il aime courir et doit donc doit donc avoir l'occasion de se dépenser suffisamment.

Maladies : dysplasie de la hanche, épilepsie.

Convient aux : maîtres expérimentés.

RÉSUMÉ **Groupe 1/n° 15 :** *chiens de berger et de bouvier*
Origine : *Belgique*   **Taille :** *58-62 cm*   **Poids :** *28-32 kg*
Poil : *6 cm de long, rêche, dur, ébouriffé*   **Couleur :** *fauve*
Espérance de vie : *10-12 ans*   **Prix du chiot :** *environ 500 euros.*

Laïka de Sibérie occidentale

Autre nom : *Zapadno-Sibirskaia Laïka*
Utilisation : la plus populaire des races de Laïki, qui était surtout élevée pour la chasse à l'élan, au renne et à l'ours. Contrairement aux autres Laïki, qui ne sont utilisés que pour la chasse, le Laïka de Sibérie occidentale fait aussi un bon chien de traîneau, et peut tirer de lourdes charges. Ce chien fut aussi utilisé pour des expériences médicales en Union soviétique. Il a la réputation d'avoir été le premier chien du monde.

Éducation : 🐾🐾🐾
Ville : 🐾
Famille : 🐾
Soins : 🐾🐾
Exercice : 🐾🐾🐾🐾🐾

Caractère : endurant, robuste et courageux, comme tous les Laïki. A encore un comportement très primitif.
Environnement : de rares amateurs des Laïki en possèdent un d'une race ou une autre. Ne s'imposera sans doute pas comme chien de compagnie.
Maladies : très robuste et sain.
Convient aux : spécialistes.

RÉSUMÉ **Groupe 5/n° 306 :** *chiens de type Spitz et de type primitif* **Origine :** *Russie* **Taille :** *53-61 cm* **Poids :** *18-23 kg* **Poil :** *poil de couverture dense et gros avec un sous-poil très épais* **Couleur :** *blanc, poivre et sel, toutes nuances de rouge ou gris, noir, uniforme ou panaché* **Espérance de vie :** *10-12 ans* **Prix du chiot :** *environ 800 euros.*

Lakeland Terrier

Utilisation : il ressemble beaucoup au Terrier gallois (→ voir page 223), mais ne lui est pas apparenté. Il est issu du Border Terrier, du Bedlington Terrier et du Dandie Dinmont Terrier. Il chassait autrefois le renard et devait en venir à bout. Aujourd'hui, il est avant tout un chien domestique qui ne chasse plus. Il reste toutefois un Terrier.

Éducation : 🐾 🐾
Ville : 🐾 🐾 🐾 🐾
Famille : 🐾 🐾 🐾 🐾
Soins : 🐾 🐾 🐾 🐾
Exercice : 🐾 🐾 🐾 🐾 🐾

Caractère : amical et téméraire, il s'entend bien avec les enfants. Il a besoin d'une éducation approfondie, car il peut être assez têtu. Dans l'ensemble, il est plus calme et raisonnable que les autres Terriers.

Environnement : conserve un instinct de chasse prononcé. Sa voix puissante peut agacer les voisins. Il doit être épilé régulièrement.

Maladies : très robuste et sain.

Convient aux : maîtres débutants.

RÉSUMÉ **Groupe 3/n° 70 :** *Terriers* **Origine :** *Grande-Bretagne* **Taille :** *environ 36 cm* **Poids :** *M 7,7 kg, F 6,8 kg* **Poil :** *dur, dense, imperméable, avec un sous-poil épais et souple* **Couleur :** *bleu et feu, noir et feu, rouge, froment, rouge grisonné, marron (foie), bleu ou noir* **Espérance de vie :** *souvent plus de 15 ans* **Prix du chiot :** *environ 800 euros.*

Landseer

Utilisation : au XVIIIe siècle, le Landseer et le Terre-Neuve ($\rightarrow$ voir page 208) n'étaient qu'une seule et même race. Après que le peintre Edwin Landseer eut représenté un Terre-Neuve noir et blanc, le chien prit son nom. Lorsque la race s'éteignit, elle fut recréée par des éleveurs suisses à partir du Terre-Neuve. Étrangement, le Terre-Neuve noir et blanc n'est pas appelé Landseer.

Éducation : 🐾
Ville : non
Famille : 🐾🐾🐾🐾
Soins : 🐾🐾🐾
Exercice : 🐾🐾🐾

Caractère : quelles qu'aient été les intentions d'éleveurs rivaux, le Landseer est comme le Terre-Neuve un animal agréable, fidèle, courageux et digne de confiance. A beaucoup d'affection pour son maître.

Environnement : a besoin d'espace à la maison et dans le jardin. Aime les promenades agréables, pas trop longues. Préfère nager.

Maladies : DH, affections du genou, maladies cardiaques, entropion, ergots ($\rightarrow$ voir page 18).

Convient aux : maîtres débutants.

RÉSUMÉ **Groupe 2/n° 226 :** *Pinschers et Schnauzers, molossoïdes, chiens de bouvier suisses* **Origine :** *Allemagne, Suisse* **Taille :** *67-80 cm* **Poids :** *60-70 kg* **Poil :** *long, lourd, dense* **Couleur :** *blanc avec plaques noires, tête toujours noire* **Espérance de vie :** *environ 10 ans* **Prix du chiot :** *jusqu' à environ 1 000 euros.*

Leonberg

Utilisation : son nom lui vient de la ville de Leonberg. Heinrich Essig, conseiller municipal de celle-ci, voulait créer un chien qui ressemblerait au lion présent sur les armes de la ville. On ne sait exactement quelles races il croisa. Parmi celles-ci figuraient assurément le Saint-Bernard, le Landseer et le Chien de montagne des Pyrénées. Le Leonberg a plu à beaucoup de grands personnages, comme Bismarck, l'impératrice Sissi et Richard Wagner.

Éducation :	🐾🐾
Ville :	non
Famille :	🐾🐾🐾🐾
Soins :	🐾🐾🐾
Exercice :	🐾🐾🐾

Caractère : aujourd'hui, le Leonberg est un chien calme, stable, et un protecteur digne de confiance, mais qui aboie peu. Il est fier, mais a aussi besoin d'affection.

Environnement : il a besoin de beaucoup de place et n'est pas fait pour la ville. N'aime pas particulièrement courir, mais apprécie les promenades.

Maladies : DH, problèmes de cartilages durant la croissance, affections du genou, ergots (→ voir page 18), sténose du larynx.

Convient aux : maîtres débutants.

RÉSUMÉ **Groupe 2/n° 145 :** *Pinschers et Schnauzers, molossoïdes, chiens de bouvier suisses* **Origine :** *Allemagne* **Taille :** *76-80 cm* **Poids :** *plus de 40 kg* **Poil :** *modérément long, dense, assez souple, imperméable* **Couleur :** *jaune lion, brun doré à brun-rouge, sable avec un masque noir* **Espérance de vie :** *moins de 10 ans* **Prix du chiot :** *environ 1 000 euros.*

Levrette d'Italie

Autres noms : *Petit Lévrier italien, Piccolo Levriero Italiano*

Utilisation : ce petit Lévrier existait déjà sous cette forme dans l'Antiquité.

Éducation : 🐾
Ville : 🐾🐾🐾🐾
Famille : 🐾🐾🐾
Soins : 🐾
Exercice : 🐾🐾🐾

Il a toujours été apprécié des rois et des empereurs, notamment de Frédéric le Grand, de Catherine II la Grande ou de la reine Victoria. Les chiens issus d'élevages sérieux sont robustes et donnent des chiens de chasse et de course endurants.

Caractère : ce chien est vif et se dépense volontiers dehors. Il est paisible, et peu dérangeant. En dépit de son aspect fragile, il a une très forte personnalité et du courage à revendre. Souvent très réservé envers les inconnus, cependant.

Environnement : a besoin de contacts étroits avec sa famille, mais supporte mal les jeux souvent rudes des enfants. Chien idéal pour les personnes sans enfants.

Maladies : problèmes de thyroïde, problèmes dentaires, épilepsie, luxation de la rotule.

Convient aux : maîtres débutants.

RÉSUMÉ **Groupe 10/n° 200 :** *Lévriers* **Origine :** *Italie* **Taille :** *32-38 cm* **Poids :** *5 kg* **Poil :** *ras et fin* **Couleur :** *noir, gris ardoise, jaune, blanc admis sur poitrail et pattes* **Espérance de vie :** *12-15 ans et plus* **Prix du chiot :** *environ 800 euros.*

Lévrier afghan

Autre nom : *Afghan Hound*

Utilisation : dans son pays d'origine, ce lévrier chassait seul tous types de gibiers. Cette indépendance le rend aujourd'hui difficile à éduquer. En France, il a fait son apparition vers 1930. Récemment, son poil est devenu plus fourni grâce à des chiens américains et sa renommée s'est encore accrue.

Éducation : 🐾🐾🐾🐾
Ville : 🐾
Famille : 🐾🐾
Soins : 🐾🐾🐾🐾🐾
Exercice : 🐾🐾🐾🐾🐾

Caractère : chien dont l'éducation requiert beaucoup de patience et de doigté. Fier et indépendant, il n'obéit pas aveuglément. Peut être qualifié d'égocentrique, se montre parfois même distant envers son maître.

Environnement : ne peut circuler librement, a donc besoin d'un grand espace clôturé pour s'ébattre. Entraînement à la course indispensable.

Maladies : dégénérescence de la cornée, cataracte, luxation du coude, dysplasie de la hanche (DH).

Convient aux : maîtres expérimentés.

RÉSUMÉ **Groupe 10/n° 228 :** *Lévriers*   **Origine :** *Afghanistan*
Taille : *M 64-74 cm, F 60-70 cm*   **Poids :** *M 20-25 kg, F 15-20 kg*
Pelage : *long et soyeux*   **Couleur :** *toutes les couleurs*
Espérance de vie : *14 ans et plus*   **Prix du chiot :** *environ 800 euros.*

Lévrier irlandais

Autre nom : *Irish Wolfhound*

Utilisation : ce chien, le plus grand et le plus puissant de tous, était utilisé pour chasser l'élan et le loup. C'était aussi un chien de compagnie pour les chefs de tribus irlandais. La race fut sauvée de justesse vers 1860, grâce à des croisements de chiens ayant du sang de Wolfhound, comme le Deerhound, le Dogue allemand et le Barzoï, car elle était presque éteinte.

Éducation : 🐾 🐾
Ville : non
Famille : 🐾 🐾
Soins : 🐾
Exercice : 🐾 🐾 🐾 🐾 🐾

Caractère : il est appelé le «doux géant». Calme et équilibré à la maison, aime sa famille, qu'il veut toujours avoir autour de lui. N'est pas un chien de protection.

Environnement : a besoin de beaucoup de place à l'intérieur, et d'un grand jardin, clôturé avec soin. Apprécie les longues promenades et les aires où il peut se dépenser complètement en toute sécurité.

Maladies : DH, problèmes osseux et articulaires, maladies cardiaques, torsion de l'estomac, paralysie héréditaire de l'arrière-main.

Convient aux : maîtres expérimentés.

RÉSUMÉ **Groupe 10/n° 160 :** *Lévriers* **Origine :** *Irlande* **Taille :** *M 79 cm min., F 71 cm min.* **Poids :** *M 54 kg min., F 40,5 kg min.* **Poil :** *dur, rude, imperméable* **Couleur :** *gris, bringé, roux, noir, blanc, fauve* **Espérance de vie :** *6-7 ans* **Prix du chiot :** *environ 1 000 euros.*

Lévrier polonais

Autre nom : *Chart Polski*

Utilisation : chien vraisemblablement issu du croisement de chiens de chasse polonais avec des Lévriers asiatiques et des Greyhounds. La noblesse polonaise chassait à cheval avec ce lévrier.

Éducation : 🐾🐾
Ville : non
Famille : 🐾🐾
Soins : 🐾
Exercice : 🐾🐾🐾🐾🐾

Seuls quelques spécimens survécurent à la Seconde Guerre mondiale, et firent l'objet d'un nouvel élevage.

Caractère : extrêmement obéissant. Apprend facilement et volontiers. Établit des liens étroits avec sa personne de référence. En tant que chien domestique, il est calme, amical et affectueux. Vigilant sans être agressif. Patient envers les enfants.

Environnement : la présence d'autres chiens n'est pas souhaitable, car il est très dominant. À besoin de beaucoup se dépenser sur le cynodrome ou bien en accompagnant son maître qui court ou fait du vélo.

Maladies : robuste et non fragile, pas de maladies fréquentes connues.

Convient : aux maîtres expérimentés.

RÉSUMÉ **Groupe 10/n° 333 :** *Lévriers* **Origine :** *Pologne*
Taille : *M 70-80 cm, F 68-75 cm* **Poids :** *25-30 kg* **Poil :** *court, lisse, couché* **Couleur :** *toutes les couleurs, sauf bringeures*
Espérance de vie : *10-12 ans* **Prix du chiot :** *environ 1 000 euros.*

Lhasa Apso

Utilisation : cette race très ancienne était utilisée comme chien de garde dans les temples tibétains. Aujourd'hui, le Lhasa Apso reste très méfiant envers les inconnus.

Éducation : 🐾🐾
Ville : 🐾🐾🐾🐾🐾
Famille : 🐾🐾🐾
Soins : 🐾🐾🐾🐾🐾
Exercice : 🐾🐾🐾

Caractère : il ne veut pas être choyé comme un «chien de manchon». De tempérament fier, il veut être pris au sérieux. Trop dorloté, il aurait des problèmes de comportement. Fidèle et doux envers sa famille, mais n'aime pas être bousculé par de jeunes enfants. Il veut savoir qui est le maître à la maison, faute de quoi il agit comme tel.

Environnement : chien d'appartement qui apprécie toutefois les promenades assez longues par tous les temps. Le soin de son poil exige beaucoup de temps et s'avère indispensable, afin qu'il ne s'emmêle pas.

Maladies : problèmes oculaires et rénaux.

Convient aux : maîtres débutants.

RÉSUMÉ **Groupe 9/n° 227 :** *chiens d'agrément et de compagnie* **Origine :** *Tibet (Grande-Bretagne)* **Taille :** *environ 25 cm* **Poids :** *environ 6-10 kg* **Poil :** *long, solide, droit et assez dur, avec sous-poil moyen* **Couleur :** *toutes couleurs ou mélange de couleurs* **Espérance de vie :** *environ 12 ans et plus* **Prix du chiot :** *environ 800 euros.*

Malamute d'Alaska

Ancien nom : *Alaskan Malamute*

Utilisation : ce chien est le chien de traîneau le plus grand et le plus robuste. Son nom lui vient des Mahle-muts, un peuple de l'Alaska, son pays d'origine. Ce n'est pas un coureur de

Éducation :	🐾🐾🐾🐾
Ville :	🐾
Famille :	🐾🐾
Soins :	🐾🐾
Exercice :	🐾🐾🐾🐾

vitesse, mais un chien de trait endurant. Sous nos latitudes, il est avide d'espace. Ne le considérer que comme un chien de compagnie s'apparente à de la cruauté.

Caractère : amical envers les inconnus. Semble calme et paisible, mais peut agir à la vitesse de l'éclair. La présence d'autres petits animaux requiert la prudence. Est très fidèle envers son maître.

Environnement : comme tous les chiens nordiques, doit avoir une idée claire de son rang hiérarchique. Aime se dépenser beaucoup à l'air libre, y compris l'hiver. Supporte mal la chaleur. Doit être au contact de personnes actives.

Maladies : DH, nanisme, troubles rénaux congénitaux.

Convient aux : maîtres expérimentés.

RÉSUMÉ **Groupe 5/N° 243 :** *Chiens de type Spitz et de type primitif* **Origine :** *États-Unis* **Taille :** *M 64 cm, F 59 cm* **Poids :** *M 39 kg, F 34 kg* **Poil :** *moyen, rude avec sous-poil dense* **Couleur :** *toutes les couleurs avec des plages blanches* **Espérance de vie :** *plus de 12 ans* **Prix du chiot :** *900-1 000 euros.*

Malinois

Utilisation : voici la variété à poil court du Berger belge, issue de la région de Malines. Ses aptitudes sportives et de chien policier ont récemment été découvertes. Dans un cadre policier, aucun autre chien n'est aussi rapide pour repousser des attaques ou au cours d'interventions.

Éducation : 🐾
Ville : 🐾
Famille : 🐾🐾🐾🐾
Soins : 🐾
Exercice : 🐾🐾🐾🐾🐾

Caractère : le Malinois peut aussi être un chien domestique et familial s'il appartient à un adepte spécialiste des sports canins. Obéissant et robuste, il peut malgré son instinct de protection développé se montrer très sensible.

Environnement : a besoin de beaucoup d'occupations, qui sollicitent aussi son intelligence. Se dépenser seul l'ennuie. La recherche de pistes, les exercices d'obéissance et d'agileté ainsi que l'agility, pratiqués un jour sur deux, lui conviennent idéalement.

Maladies : DH et rarement épilepsie.

Convient aux : maîtres expérimentés.

RÉSUMÉ **Groupe 1/n° 15 :** *chiens de berger et de bouvier*
Origine : *Belgique*   **Taille :** *58-62 cm*   **Poids :** *22,5-32 kg*   **Poil :** *court, dense, double*   **Couleur :** *roux à fauve, avec masque noir*
Espérance de vie : *10-14 ans*   **Prix du chiot :** *environ 500 euros.*

Mastiff

Utilisation : les Celtes et les Normands emmenèrent avec eux leurs grands chiens en Bretagne ; le Mastiff est leur descendant. C'était un gros chien de chasse et de protection. Il est lui même l'ancêtre d'une série de grandes races, notamment du Dogue allemand, du Saint-Bernard, du Bullmastiff et du Terre-Neuve.

Éducation : 🐾 🐾
Ville : non
Famille : 🐾 🐾
Soins : 🐾 🐾
Exercice : 🐾 🐾 🐾

Caractère : amical, courageux et entier. Instinct de protection inné, sans être inutilement agressif. Même bien éduqué, n'obéit pas toujours à la lettre. Affectueux et équilibré.

Environnement : doit avoir assez d'espace à la maison ; le jardin doit aussi être assez grand pour qu'il puisse effectuer consciencieusement ses allées et venues.

Maladies : DH, problèmes articulaires, ectropion, ergots (→ voir page 18). Attention aux infections dans les replis de la peau.

Convient aux : maîtres expérimentés.

RÉSUMÉ **Groupe 2/n° 264 :** *Pinschers et Schnauzers, molossoïdes, chiens de bouvier suisses* **Origine :** *Grande-Bretagne* **Taille :** *jusqu'à 80 cm, et plus malheureusement* **Poids :** *fréquemment plus de 90 kg malheureusement* **Poil :** *court et couché* **Couleur :** *abricot, argenté, fauve, bringé foncé, masque noir* **Espérance de vie :** *7-10 ans* **Prix du chiot :** *environ 1 000 euros.*

Mâtin de Naples

Utilisation : cette race descend de molosses. Le Mâtin de Naples actuel fut élevé à partir de la fin des années 1940 pour être une race dangereuse, mais elle était pourvue de défauts à beaucoup d'égards.

Éducation : 🐾 🐾 🐾
Ville : non
Famille : 🐾
Soins : 🐾 🐾
Exercice : 🐾 🐾 🐾

Caractère : les éleveurs demeurés raisonnables tentent aujourd'hui de sauver ce qu'il y a à sauver. Ils souhaitent replacer au premier plan les qualités positives de ce chien intéressant. Celui-ci est inconditionnellement loyal et affectueux envers son maître. Il a besoin d'une socialisation précoce suffisante et d'une éducation approfondie.

Environnement : ne doit appartenir qu'à un maître qui a de très bonnes connaissances sur les chiens et agit de façon responsable à son encontre.

Maladies : DH, ectropion, problèmes de cartilage durant la croissance, mauvaise position des os, dysplasie du coude, ostéochondrose (trouble de la croissance de l'os) et arthrite. Bave beaucoup.

Convient aux : spécialistes.

RÉSUMÉ **Groupe 2/n° 197 :** *Pinschers et Schnauzers, molossoïdes, chiens de bouvier suisses* **Origine :** *Italie* **Taille :** *60-75 cm* **Poids :** *jusqu'à 70 kg* **Poil :** *court et dense, dur* **Couleur :** *bleu-gris, noir, brun, jaune-roux, cerf, bringé* **Espérance de vie :** *moins de 10 ans* **Prix du chiot :** *jusqu'à 2000 euros.*

Mudi

Utilisation : même en Hongrie, ce chien est rare. Il est presque inconnu ailleurs. En raison de ses fonctions, il n'est pas exposé. Il protège le bétail, les chevaux et les moutons et pendant son temps libre, chasse également les petits nuisibles de la maison. Son aspect peut présenter des divergences, car il a été parfois croisé avec des chiens de travail sans pedigree.

Éducation : 🐾
Ville : 🐾
Famille : 🐾🐾🐾🐾
Soins : 🐾
Exercice : 🐾🐾🐾

Caractère : il est intelligent, apprend facilement et est vigilant, mais moins bruyant que le Puli ou le Pumi (→ voir pages 172 et 173).

Environnement : si, en tant que chien domestique, il a besoin de beaucoup d'activités, qui satisferont non seulement son besoin de mouvement, mais stimuleront également son intelligence, il ne dédaigne pas les agréments de la vie en ville.

Maladies : populations d'élevage globalement saines.

Convient aux : maîtres débutants.

RÉSUMÉ **Groupe 1/n° 238 :** *chiens de berger et de bouvier*
Origine : *Hongrie* **Taille :** *37-47 cm* **Poids :** *8-13 kg* **Poil :**
fourni, dense, imperméable avec sous-poil **Couleur :** *noir,*
rarement blanc, brun, cendré, bleu merle **Espérance de vie :**
plus de 12 ans **Prix du chiot :** *environ 600 euros.*

Papillon

Autre nom : *Épagneul papillon*

Utilisation : du XIIᵉ au XIVᵉ siècle, la Phalène, variété aux oreilles pendantes du Papillon (→ voir page 165), était le compagnon de la haute société. Le Papillon, variété aux oreilles dressées, n'est apparu qu'au XIXᵉ siècle à la suite de croisements entre le Chihuahua et le Spitz.

Éducation : 🐾🐾
Ville : 🐾🐾🐾🐾🐾
Famille : 🐾🐾🐾
Soins : 🐾🐾🐾🐾
Exercice : 🐾🐾🐾

Caractère : petit chien intelligent, fier, accommodant et plein de tempérament. Il ne doit absolument pas être dorloté.

Environnement : la vie en appartement lui convient très bien, mais il aime les promenades. S'il n'est pas éduqué correctement, il peut se transformer en despote agité.

Maladies : veiller aux problèmes héréditaires de luxation de la rotule et d'épilepsie.

Convient aux : maîtres expérimentés.

RÉSUMÉ **Groupe 9/n° 77 :** *chiens d'agrément et de compagnie*
Origine : *France/Belgique* **Taille :** *20-29 cm* **Poids :** *4-4,5 kg*
Poil : *fourni, fin soyeux ; oreilles et membres postérieurs très frangés, collerette dense* **Couleur :** *toutes couleurs admises sur fond blanc ; blanc dominant sur le corps, tête colorée avec une liste* **Espérance de vie :** *12-15 ans* **Prix du chiot :** *environ 600 euros.*

Parson Jack Russell Terrier

Autre nom : *Parson Russell Terrier*

Éducation : 🐾🐾🐾
Ville : 🐾🐾
Famille : 🐾🐾🐾
Soins : 🐾🐾
Exercice : 🐾🐾🐾🐾🐾

Utilisation : vers 1850, le chasseur et révérend Parson Russell élevait des Terriers blancs et panachés pour leurs performances, sans uniformité véritable. Vers 1980, des éleveurs prirent les choses en main. Aujourd'hui, ce chien présente deux tailles différentes.

Caractère : extrêmement alerte, fringant et fonceur. Son indépendance et sa volonté presque obstinée de s'imposer n'en font pas un compagnon docile.

Environnement : s'il peut vaquer librement à ses occupations autour de l'écurie, il ne pose pas de problème. Ne convient pas à des personnes casanières ou nerveuses.

Maladies : dans les élevages peu sérieux, une luxation du cristallin ou une cataracte héréditaire peuvent se produire.

Convient aux : maîtres expérimentés.

RÉSUMÉ **Groupe 3/n° 339 :** *Parson Russell Terrier (PR), n° 345 Jack Russell Terrier (JR)* **Origine :** *Grande-Bretagne* **Taille :** *PR 33-35 cm, JR 25-30 cm* **Poids :** *PR 4-8 kg, JR 5-6 kg* **Poil :** *tous deux court, dense, lisse, brillant ; parfois dur, dense, fil de fer* **Couleur :** *PR blanc avec des marques fauves et/ou noires sur la tête et/ou la naissance de la queue ; JR blanc avec des marques fauves ou noires* **Espérance de vie :** *12-14 ans* **Prix du chiot :** *de 600 à 700 euros.*

Pékinois

Autre nom : *Pekingese*

Utilisation : il est dit que ce chien accompagnait Bouddha et se transformait en lion en cas de danger. Il était réservé au palais de l'empereur de Chine. Voler un tel chien était d'ailleurs passible de la peine de mort.

Éducation : 🐾🐾🐾🐾
Ville : 🐾🐾🐾🐾🐾
Famille : 🐾🐾
Soins : 🐾🐾🐾🐾
Exercice : 🐾🐾🐾

Caractère : il accorde avec grâce son amitié. Il montre parfois sa nature emportée dans des accès de colère. Les vétérinaires connaissent bien ses morsures rapides comme l'éclair. Fier, il n'est jamais soumis.

Environnement : ce chien ne pose pas de problème si on le considère comme un «pacha» et le respecte. En effet, il est presque impossible de l'éduquer. Il n'a pas un grand besoin de courir. Il sera plus heureux auprès d'un seul maître qu'au sein d'une famille.

Maladies : exophtalmie, ulcère de la cornée, hydrocéphalie, difficultés de mise bas, maladies cardiaques et vasculaires, calculs vésicaux, dyspnée, bec-de-lièvre.

Convient aux : maîtres expérimentés.

RÉSUMÉ **Groupe 9/n° 207 :** *chiens d'agrément et de compagnie*
Origine : *Chine (GB)* **Taille :** *jusqu'à 25 cm* **Poids :** *4,5-6 kg*
Poil : *long, droit, fourni, collerette marquée autour du cou*
Couleur : *toutes, à l'exception d'albinos ou marron foie*
Espérance de vie : *jusqu'à 14 ans* **Prix du chiot :** *700-900 euros.*

Petit Basset Griffon vendéen

Utilisation : une des quatre races de Bassets français, qui n'est pas un petit chien, mais en réalité un grand chien aux pattes courtes en raison d'un nanisme héréditaire (chondrodystrophie). Le nom de Basset provient du mot « bas ».

Éducation : 🐾🐾🐾
Ville : 🐾
Famille : 🐾🐾🐾🐾
Soins : 🐾🐾
Exercice : 🐾🐾🐾🐾

Caractère : doux, toujours de bonne humeur et peu compliqué. Il est facile à éduquer mais peu obéissant à l'extérieur. Robuste et parfois aussi brusque qu'il en a l'air.

Environnement : il doit être surveillé durant les promenades et parfois contrôlé à l'aide d'une laisse à enrouleur, car c'est un chasseur passionné. En dépit de sa petite taille, il a une voix étonnamment forte.

Maladies : en grande partie exempt de maladies héréditaires.

Convient aux : maîtres expérimentés.

RÉSUMÉ **Groupe 6/n° 67 :** *chiens courant et de recherche au sang* **Origine :** *France* **Taille :** *34-38 cm* **Poids :** *15-20 kg* **Poil :** *long, dur au toucher, avec un sous-poil épais* **Couleur :** *unicolore : sable ou gris-blanc ; bicolore : blanc et orange, blanc et noir, gris et blanc, blanc et feu ; tricolore : blanc, noir et feu ; blanc, sable et feu ; blanc, gris et feu* **Espérance de vie :** *plus de 10 ans* **Prix du chiot :** *environ 600 euros.*

Petit chien-lion

Utilisation : durant des siècles, il était le «chien de manchon» classique des dames de la noblesse, mais était aussi le compagnon d'hommes de haut rang. Son toilettage en lion est à l'origine de son nom. La race tomba dans l'oubli – peut-être à cause de cette tonte particulière – et dut être recréée à partir d'un nombre restreint de chiens.

Éducation :
Ville :
Famille :
Soins :
Exercice :

Caractère : chien alerte, conciliant à tous points de vue, docile, aimant les enfants, qui a le goût de la course et du jeu. Dans sa famille, il est doux et accommodant, mais quelque peu réservé envers les inconnus. Vigilant, il n'aboie pas outre mesure.

Environnement : se contente du plus petit des appartements, s'il peut se dépenser comme il faut durant sa promenade.

Maladies : problèmes dentaires, luxation de la rotule (rare).

Convient aux : maîtres débutants.

RÉSUMÉ **Groupe 9/n° 233 :** *chiens d'agrément et de compagnie*
Origine : *France* **Taille :** *32 cm* **Poids :** *5 kg* **Poil :** *long, ondulé, soyeux et souple mais résistant* **Couleur :** *toutes couleurs, excepté certains tons de brun ; unicolore ou tacheté* **Espérance de vie :** *plus de 12 ans* **Prix du chiot :** *500 à 700 euros.*

Petit Épagneul de Münster

Utilisation : à cause d'une série télévisée, des « vendeurs » peu scrupuleux se sont intéressés à ce chien. Il faut donc veiller à l'absence de défauts de caractère lorsque le chien n'a pas de papiers et provient d'éleveurs amateurs. Il

Éducation : 🐾
Ville : 🐾🐾
Famille : 🐾🐾🐾🐾
Soins : 🐾🐾
Exercice : 🐾🐾🐾🐾🐾

s'agit du plus petit chien d'arrêt allemand, qui descend des chiens d'oiseaux du Moyen Âge.

Caractère : vif et fidèle, s'entend bien avec les enfants et les autres animaux domestiques. Apprend très vite et obéit très facilement lorsqu'il est bien éduqué. Vigilant, mais non agressif.

Environnement : ce beau chien de chasse intelligent et polyvalent est fait pour un chasseur et ne doit pas être employé à mauvais escient comme chien de compagnie, même en lui faisant pratiquer occasionnellement un sport canin.

Maladies : DH rare, entropion.

Convient aux : débutants, chasseurs.

RÉSUMÉ **Groupe 7/n° 102 :** *chiens d'arrêt* **Origine :** *Allemagne*
Taille : *50-56 cm* **Poids :** *environ 15 kg* **Poil :** *de longueur
moyenne, simple, bien couché, avec une frange sur la queue ;
membres antérieurs frangés, culotte sur les postérieurs*
Couleur : *marron et blanc avec des plages ou un manteau, truité*
Espérance de vie : *10-12 ans* **Prix du chiot environ :** *700 euros.*

Phalène

Autre nom : *Épagneul Phalène*

Utilisation : l'Épagneul nain continental fut l'un des chiens de manchon favori du XIIᵉ siècle à la Révolution française, période à laquelle la race s'éteignit presque. Il était réservé aux personnalités les plus en vue, comme le peintre Rubens.

Éducation : 🐾🐾
Ville : 🐾🐾🐾🐾🐾
Famille : 🐾🐾🐾
Soins : 🐾🐾🐾🐾
Exercice : 🐾🐾🐾

Caractère : le Phalène est un chien nain qu'il faut prendre au sérieux, intelligent et fier, mais aussi conciliant et affectueux. Ne s'adapte pas aux jeunes enfants turbulents.

Environnement : les longues promenades sont inutiles, même s'il aime se trouver dehors. Une bonne éducation est indispensable, faute de quoi il deviendrait un tyran lunatique.

Maladies : la lignée doit être dépourvue de cas de luxation de la rotule ou d'épilepsie.

Convient aux : maîtres expérimentés.

RÉSUMÉ **Groupe 9/n° 77 :** *chiens d'agrément et de compagnie*
Origine : *France/Belgique* **Taille :** *20-29 cm* **Poids :** *4-4,5 kg*
Poil : *fourni, fin, soyeux ; oreilles et membres postérieurs très frangés, collerette épaisse sur fond blanc* **Couleur :** *toutes couleurs admises sur fond blanc ; blanc dominant sur le corps, tête colorée avec une liste* **Espérance de vie :** *12-15 ans*
Prix du chiot : *environ 600 euros.*

Pinscher allemand

Autre nom : *Deutscher Pinscher*

Utilisation : avant la «création» du Schnauzer (→ voir page 186), il n'existait que des Pinschers à poil dur et lisse. Sans les efforts du Pinscher et Schnauzer Klub en 1956, la race du

Éducation : 🐾
Ville : 🐾🐾🐾🐾🐾
Famille : 🐾🐾🐾
Soins : 🐾
Exercice : 🐾🐾🐾🐾

Pinscher allemand aurait disparu. Ce dernier semble plus filiforme que le Schnauzer, sa variété à poil dur, dont le toiletteur effile à bon escient le poil. Cela tient peut-être aussi à son nom.

Caractère : chien robuste et attentif, disposé à l'apprentissage, et fringant. Doux, fidèle, aimant jouer. Vigilant, mais n'aboie pas.

Environnement : très sportif, a donc besoin de pratiquer une activité sportive, comme l'agility.

Maladies : exempt de problèmes de santé graves.

Convient aux : maîtres débutants.

RÉSUMÉ Groupe 2/n° 184 : *Pinschers et Schnauzers, molossoïdes, chiens de bouvier suisses* **Origine :** *Allemagne* **Taille :** *40-48 cm* **Poids :** *11-16 kg* **Poil :** *court, dur, épais, brillant, couché* **Couleur :** *uniformément noir, noir avec des marques feu, brun-rouge à rouge cerf, brun, chocolat, gris-bleu avec des marques jaunes ou rouges, poivre et sel* **Espérance de vie :** *environ 700 euros.*

Pinscher nain

Autre nom : *Zwergpinscher*

Utilisation : le Pinscher nain, issu du Pinscher allemand, était à l'origine un exterminateur virulent de rats. Aujourd'hui, il n'est plus qu'un chien d'appartement et possède un petit cercle d'amateurs.

Éducation : 🐾🐾
Ville : 🐾🐾🐾🐾🐾
Famille : 🐾🐾🐾🐾
Soins : 🐾
Exercice : 🐾🐾🐾

Caractère : il est plus robuste qu'il n'en a l'air, vif, intelligent et fidèle. S'il provient d'un bon élevage, ses yeux ne sont pas exorbités et il ne tremble pas sur trois pattes en sautillant devant lui. Bon gardien, qui aboie volontiers.

Environnement : les enfants ne doivent pas le considérer comme un jouet et le traiter comme tel. Ses os fins sont sujets aux fractures. Doit être fermement éduqué. Ne pas lui mettre de manteau au moindre souffle de vent.

Maladies : problèmes cardiaques et vasculaires, calculs urinaires, luxation de la rotule.

Convient aux : maîtres débutants.

RÉSUMÉ **Groupe 2/n° 185 :** *Pinschers et Schnauzers, molossoïdes, chiens de bouvier suisses* **Origine :** *Allemagne* **Taille :** *25-30 cm* **Poids :** *4 kg* **Poil :** *court, dense, brillant* **Couleur :** *noir et feu, rouge vif, chocolat et rouille* **Espérance de vie :** *13-14 ans* **Prix du chiot :** *environ 800 euros.*

Podenco d'Ibiza

Autres noms : *Lévrier de garenne des Baléares, Podenco Ibicenco*

Utilisation : en tant qu'ancêtre du Chien du Pharaon (→ voir page 93), le Podenco d'Ibiza était utilisé aux Baléares pour chasser le lapin. Il chasse à vue et au flair, puis rapporte le lapin sans le blesser.

Éducation : 🐾 🐾 🐾
Ville : 🐾
Famille : 🐾 🐾 🐾
Soins : 🐾
Éducation : 🐾 🐾 🐾 🐾

Caractère : le Podenco est d'une absolue propreté à la maison, et discret, mais a besoin de contact avec l'homme, faute de quoi il devient solitaire. Il se montre réservé au premier abord envers les inconnus, ou les rejette. Il apprend très vite.

Environnement : à l'extérieur, il est très rapide. Son instinct de chasse nécessite une surveillance stricte. Sa capacité de saut sans élan est étonnante. Comme le Podenco est un chien de chasse, il a besoin de beaucoup de mouvement et d'activité.

Maladies : les problèmes congénitaux graves sont très rares.

Convient aux : maîtres expérimentés.

R É S U M É **Groupe 5/n° 89 :** *chiens de type Spitz et de type primitif* **Origine :** *Espagne* **Taille :** *57-66 cm* **Poids :** *19-22,5 kg* **Poil :** *court ou long, lisse ou dur, dense, étroitement appliqué* **Couleur :** *blanc et rouge, uniformément blanc ou uniformément rouge* **Espérance de vie :** *jusqu'à 13 ans* **Prix du chiot :** *environ 800 euros.*

Pointer anglais

Autre nom : *English Pointer*

Utilisation : ce Pointer est un spécialiste qui parcourt à grande vitesse le territoire de chasse pour y repérer le gibier à plumes puis le «pointe» (se fige en indiquant sa direction). Le standard du Pointer actuel a été fixé au XIXᵉ siècle.

Éducation : 🐾
Ville : non
Famille : 🐾🐾🐾
Soins : 🐾
Exercice : 🐾🐾🐾🐾🐾

Caractère : le Pointer est un pur chien de chasse, passionné, plein de caractère, résistant et nerveux. Il est affectueux et amical.

Environnement : en dépit de son tempérament agréable, il ne sera pas un bon chien familial et domestique s'il n'a pas la possibilité de chasser. Son besoin de mouvement est si grand que des activités de substitution ne lui suffisent pas.

Maladies : DH, problèmes cutanés, affections de la thyroïde.

Convient aux : spécialistes.

RÉSUMÉ **Groupe 7/n° 1 :** *chiens d'arrêt* **Origine :** *Grande-Bretagne* **Taille :** *M 63-71 cm, F 58-66 cm* **Poids :** *20-32 kg* **Poil :** *fin, court, lisse et couché, brillant* **Couleur :** *blanc avec des taches citron, orange, marron foie ou noires* **Espérance de vie :** *environ 10 ans* **Prix du chiot :** *environ 500 euros.*

Polski Owczarek Nizinny

Autre nom : *Nizinny*
Utilisation : le Nizinny a été obtenu après 1945 à partir de chiens de berger polonais travaillant dans les maré- cages, qui lui ont donné son nom. Depuis 1963, la race est reconnue sur le plan international et compte de plus en plus d'amateurs en France. Le club d'élevage de ce chien est très puissant et est parvenu à ce que celui-ci ne soit pas l'objet d'un « commerce ».

Éducation : 🐾
Ville : 🐾 🐾
Famille : 🐾 🐾 🐾 🐾
Soins : 🐾 🐾 🐾 🐾 🐾
Exercice : 🐾 🐾 🐾

Caractère : c'est un gardien et un protecteur fiable, mais qui ne mord pas. Fier et plein de caractère, il prend part aux jeux des enfants. Ne montre toutefois une soumission totale qu'à son chef de meute.
Environnement : en tant qu'ancien chien de berger, le Nizinny a besoin de règles claires. Une éducation précoce et approfondie est indispensable. Une activité sportive lui permet de garder son équi- libre.
Maladies : atrophie rétinienne progressive, DH.
Convient aux : maîtres débutants.

RÉSUMÉ **Groupe 1/n° 251 :** *chiens de berger et de bouvier*
Origine : *Pologne* **Taille :** *M 45-50 cm, F 42-47 cm* **Poids :** *environ 15 kg* **Poil :** *long, gros, ébouriffé, a tendance à s' emmêler*
Couleur : *toutes couleurs, également avec des taches (excepté le bleu merle)* **Espérance de vie :** *12 ans et plus* **Prix du chiot :** *environ 800 euros.*

Pudelpointer

Utilisation : le hasard voulut que le Grand Caniche mâle d'un officier participant à une manœuvre se soit reproduit avec une femelle Pointer brune. C'est ainsi qu'est né le Pudelpointer. Cette nouvelle race a été

Éducation : 🐾
Ville : non
Famille : 🐾🐾🐾
Soins : 🐾🐾
Exercice : 🐾🐾🐾🐾🐾

développée avec compétence par le baron von Zedlitz, écrivain spécialiste de la chasse, dont le pseudonyme est Hegewald. Le Pudelpointer se montre encore plus doué que la plupart des chiens d'arrêt, mais il est malheureusement très rare.

Caractère : issu d'un bon élevage, il est équilibré et plein de tempérament. Il possède un instinct naturel et un flair exceptionnel. Il apprend très vite et est un bon rapporteur. L'eau est son élément.

Environnement : à la maison, il ne sera un compagnon équilibré que s'il peut chasser. S'il ne peut se dépenser suffisamment, il posera problème.

Maladies : dans de rares cas, dysplasie de la hanche.

Convient : uniquement aux chasseurs.

RÉSUMÉ **Groupe 7/n° 216 :** *chiens d'arrêt* **Origine :** *Allemagne* **Taille :** *M 60-68 cm, F 55-63 cm* **Poids :** *25-35 kg* **Poil :** *moyennement long, dur et rude* **Couleur :** *marron foie à feuille morte* **Espérance de vie :** *12-14 ans* **Prix du chiot :** *environ 700 euros.*

Puli

Utilisation : certaines personnes pensent que le Puli est le chien de berger le plus intelligent du monde. Il est en tous les cas assurément le plus polyvalent, et du point de vue de son apparence, le plus inhabituel, tout comme le Komondor. Il vient d'Inde ou du Tibet.

Éducation : 🐾🐾
Ville : non
Famille : 🐾🐾🐾
Soins : 🐾🐾🐾🐾
Exercice : 🐾🐾🐾🐾🐾

Caractère : il est actif toute la journée et veut protéger tout ce qui se trouve dans son environnement. C'est aussi un chien de chasse très consciencieux. Il a absolument besoin de liens étroits avec sa famille.

Environnement : ne peut vivre en ville, car il a besoin d'être dans la nature, en contact avec le vent et les intempéries, et d'autres animaux. Si on lui propose des activités sportives (agility) il doit être tondu de la même façon que les moutons.

Maladies : pas de maladies spécifiques connues.

Convient aux : maîtres expérimentés.

RÉSUMÉ **Groupe 1/n° 55 :** *chiens de berger et de bouvier*
Origine : *Hongrie* **Taille :** *40,5-43 cm* **Poids :** *13-15 kg* **Poil :**
longues mèches cordées et feutrées, qui recouvrent tout le corps
Couleur : *noir avec une nuance rouille ou grise, blanc, gris, fauve avec un masque* **Espérance de vie :** *plus de 15 ans*
Prix du chiot : *environ 900 euros.*

Pumi

Utilisation : lorsque les Hongrois importèrent des moutons mérinos, dans le but d'accroître leurs revenus, ceux-ci étaient accompagnés de chiens de bergers étrangers qui se mêlèrent aux chiens locaux. Ce n'est

Éducation : 🐾
Ville : 🐾
Famille : 🐾 🐾 🐾
Soins : 🐾 🐾
Exercice : 🐾 🐾 🐾 🐾 🐾

que depuis le début du XXᵉ siècle que le Pumi est devenu une race à part entière, polyvalente. Aujourd'hui, on le rencontre encore fréquemment chez les fermiers hongrois. Il est peu connu en dehors de la Hongrie.

Caractère : chien de travail intelligent, accommodant, attentif et vigilant. Il veut toujours être présent et jouer un rôle actif.

Environnement : ce chien très alerte ne convient pas à un maître calme et peu sportif. En tant que chien de compagnie, il doit appartenir à une personne qui lui permette de beaucoup se dépenser.

Maladies : pas de maladie spécifique connue.

Convient aux : maîtres expérimentés.

RÉSUMÉ **Groupe 1/n° 56 :** *chiens de berger et de bouvier*
Origine : *Hongrie* **Taille :** *34-44 cm* **Poids :** *8-13 kg* **Poil :**
court, bouclé, avec un sous-poil abondant **Couleur :** *blanc, noir,*
gris, brun rougeâtre **Espérance de vie :** *12-14 ans* **Prix du chiot :**
environ 400 à 500 euros.

Retriever à poil bouclé

Autre nom : *Curly Coated Retriever*

Utilisation : son nom lui vient de son poil très frisé, indiquant son utilisation comme chien d'eau ; en tant que tel, il n'est égalé par aucun autre chien. Il montre en outre encore un

Éducation :	🐾🐾🐾
Ville :	non
Famille :	🐾🐾
Soins :	🐾🐾
Exercice :	🐾🐾🐾🐾🐾

fort potentiel agressif envers l'homme, et est donc utilisé pour lutter contre le braconnage. Il est connu en Nouvelle-Zélande et en Australie, mais presque inconnu en Europe.

Caractère : veut plaire à son maître, mais n'est pas soumis. Doit être dès le plus jeune âge éduqué fermement et patiemment. A besoin de contacts familiaux et s'entend bien avec les enfants.

Environnement : en raison de sa robustesse, ne convient pas comme chien d'appartement. N'est pas non plus un bon chien de compagnie s'il n'est pas utilisé pour la chasse.

Maladies : occasionnellement DH et ARP.

Convient : aux maîtres expérimentés.

RÉSUMÉ **Groupe 8/n° 110 :** *chiens rapporteurs de gibier, leveurs de gibier et chiens d' eau* **Origine :** *Grande-Bretagne* **Taille :** *63,5-68,5 cm* **Poids :** *28-35 kg* **Poil :** *petites boucles fermes et denses, imperméables à l' eau et à la saleté* **Couleur :** *noir, marron foie* **Espérance de vie :** *10-15 ans* **Prix du chiot :** *environ 900 euros.*

Retriever à poil plat

Autre nom : *Flat Coated Retriever*

Utilisation : le Retriever à poil plat est apparu à la fin du XIXᵉ siècle, époque de l'apparition de nombreuses races de chien, ou de leur élevage en tant que race pure. Son éleveur, M. Shirley,

Éducation : 🐾
Ville : 🐾
Famille : 🐾🐾🐾🐾
Soins : 🐾
Exercice : 🐾🐾🐾🐾🐾

avait croisé des Labrador, des Setters, des Colleys et vraisemblablement des Terre-Neuve. Ce chien était un rapporteur de gibier aquatique et terrestre. Il ne joue plus un rôle très important auprès des chasseurs aujourd'hui.

Caractère : chien familial docile, fidèle, ayant plaisir à jouer avec les enfants. Facile à éduquer et amical envers tous les êtres humains, n'est donc pas un chien de garde ou de protection.

Environnement : ce chien plein de caractère et affectueux a besoin de beaucoup d'activité physique. Il fera à cette occasion la démonstration de son intelligence. Doué pour l'agility ou le canicross.

Maladies : DH rare, luxation de la rotule.

Convient aux : maîtres débutants.

RÉSUMÉ **Groupe 8/n° 121 :** *chiens rapporteurs de gibier, leveurs de gibier et d'eau* **Origine :** *Grande-Bretagne* **Taille :** *environ 60 cm* **Poids :** *30-35 kg* **Poil :** *long, lisse, dense et fin* **Couleur :** *noir ou marron (foie)* **Espérance de vie :** *environ 10 ans, ou plus* **Prix du chiot :** *environ 800 euros.*

Retriever de la Nouvelle-Écosse

Autre nom : *Nova Scotia Duck Tolling Retriever*

Utilisation : le nom de ce chien indique son origine et sa méthode de chasse : «chien de rapport de Nouvelle-Écosse qui attire les canards». Le

Éducation : 🐾
Ville : 🐾
Famille : 🐾 🐾 🐾
Soins : 🐾
Exercice : 🐾 🐾 🐾

chasseur, dissimulé, laisse le chien courir sur la rive jusqu'à ce que les canards, curieux, s'en approchent. Il rappelle ensuite le chien et se montre aux canards, qui s'envolent. Il les vise alors et son chien les lui rapporte. Les Indiens avaient emprunté cette étrange méthode de chasse aux renards avant l'arrivée des colons.

Caractère : ce chien est le plus petit des Retrievers. Peu compliqué, il est vif, joueur, facile à éduquer et obéissant.

Environnement : un Retriever docile, qui peut pratiquer l'agility ou un autre sport canin.

Maladies : DH, dysplasie du coude.

Convient aux : maîtres débutants.

RÉSUMÉ Groupe 8/n° 312 : *chiens rapporteurs de gibier, leveurs de gibier et d'eau* **Origine :** *Canada* **Taille :** *M 48-51 cm, F 45-48 cm* **Poids :** *M 20-23 kg, F 17-20 kg* **Poil :** *double, moyennement long* **Couleur :** *différents tons de rouge ou orange avec des marques blanches sur la tête, le poitrail, les pattes et la queue* **Espérance de vie :** *10-12 ans* **Prix du chiot :** *environ 600 euros.*

Rhodesian Ridgeback

Autres noms : *Chien de lion africain, Chien de Rhodésie à crête dorsale*

Éducation : 🐾🐾
Ville : non
Famille : 🐾🐾🐾🐾
Soins : 🐾
Exercice : 🐾🐾🐾🐾

Utilisation : son nom lui vient de la bande dorsale de poils qui poussent en sens inverse du reste du pelage. En Afrique, il était le chien des Hottentots. Les colons blancs affinèrent sa silhouette en apportant à la race du sang d'Airedale Terrier, de Colley et de Bloodhound. Il fut ensuite utilisé pour la chasse au lion, qu'il acculait afin que le chasseur puisse l'abattre.

Caractère : intelligent, accommodant, puissant et plein de caractère. Doit être éduqué de façon approfondie, mais avec beaucoup de doigté, car son développement tardif le rend sensible.

Environnement : il ne faut pas oublier qu'il est un chien de chasse qui a besoin de nombreuses activités de substitution adaptées. Chien idéal pour les personnes actives aptes à le comprendre.

Maladies : sinus dermoïde (canal de la peau se formant sur et/ou sous sa crête, en direction de sa colonne vertébrale), DH.

Convient aux : maîtres expérimentés.

R É S U M É **Groupe 6/n° 146 :** *chiens courants et de recherche au sang* **Origine :** *Afrique du Sud* **Taille :** *61-69 cm* **Poids :** *29-34 kg* **Poil :** *court, dense, lisse, brillant* **Couleur :** *froment clair à fauve* **Espérance de vie :** *12-14 ans* **Prix du chiot :** *900 à 1 200 euros.*

Rottweiler

Utilisation : l'ancien chien de bouvier de Rottweil, en Souabe, aidait les bouchers à conduire les bestiaux à l'abattoir. Attelé, il transportait des choses les plus diverses. Malheureusement, ce chien magnifique fut de plus en plus discrédité au cours des dernières décennies, parce qu'il était souvent entre les mains de maîtres qui lui apprenaient à mordre et n'y faisaient pas suffisamment attention.

Éducation :
Ville :
Famille :
Soins :
Exercice :

Caractère : s'il est issu d'un bon élevage, chien équilibré, fidèle, aimant travailler. A un seuil d'excitation moyen à élevé et aime son maître. A tendance à être dominant.

Environnement : a besoin d'une socialisation précoce et de liens familiaux étroits. Entre des mains responsables, n'est pas plus dangereux que tout autre chien de même taille.

Maladies : dysplasie de la hanche, problèmes cardiaques, troubles circulatoires s'il est trop sollicité, déchirures des ligaments croisés.

Convient aux : maîtres expérimentés.

RÉSUMÉ **Groupe 2/n° 147 :** *Pinschers et Schnauzers, molossoïdes, chiens de bouvier suisses* **Origine :** *Allemagne* **Taille :** *M 61-68 cm, F 56-63 cm* **Poids :** *42-50 kg* **Poil :** *dur, court et couché* **Couleur :** *noir avec des marques feu* **Espérance de vie :** *plus de 10 ans* **Prix du chiot :** *environ 800 euros.*

Saarloos Wolfhond

Autre nom : *Chien-loup de Saarloos*
Utilisation : Leendert Saarloos, autrefois cuisinier sur un bateau, grand amateur néerlandais de chiens, souhaitait, au début du XXᵉ siècle, en croisant son Berger allemand et une louve, créer une race qui ait toutes les qualités physiques et psychiques du loup.

Éducation : 🐾🐾🐾
Ville : non
Famille : 🐾
Soins : 🐾
Exercice : 🐾🐾🐾🐾🐾

Caractère : de cette douteuse expérience est né un chien qui possède encore de façon prononcée le comportement du loup. Très méfiant et circonspect envers tous les inconnus. Très intelligent, a les sens plus aiguisés et une réactivité plus grande que les autres chiens.

Environnement : ce chien ne doit pouvoir s'échapper du lieu où il vit. Son maître doit avoir une bonne connaissance du comportement des loups et des chiens.

Maladies : pas de maladie spécifique connue.

Convient aux : spécialistes.

RÉSUMÉ **Groupe 1/n° 311 :** *chiens de berger et de bouvier*
Origine : *Pays-Bas* **Taille :** *65-70 cm* **Poids :** *30-40 kg* **Poil :** *double avec sous-poil, plus court et plus lisse que celui du loup*
Couleur : *du brun au gris loup, crème clair à blanc* **Espérance de vie :** *12-14 ans* **Prix du chiot :** *environ 1 000 euros.*

Saint-Bernard

Autre nom : *Bernhardiner Dog*

Utilisation : la race a été rendue célèbre par Barry, qui sauva de son propre chef des personnes égarées dans la neige. Les Saint-Bernard d'autrefois étaient plus petits d'un tiers et ne pesaient que la moitié du poids des géants actuels.

Éducation : 🐾🐾
Ville : non
Famille : 🐾🐾🐾🐾
Soins : 🐾🐾🐾
Exercice : 🐾🐾🐾

Caractère : s'il est bien sélectionné, chien débonnaire, docile et très fidèle, patient avec les enfants. Également doté d'un bon instinct de protection, auquel il fait appel si nécessaire.

Environnement : a besoin de liens étroits avec l'homme et dépérit dans un chenil. N'a pas un grand besoin de courir, mais doit être raisonnablement actif. Les éleveurs s'efforcent peu à peu d'améliorer la santé de la race.

Maladies : malheureusement, dysplasie de la hanche encore fréquente, divers problèmes de squelette, affections oculaires, kyste salivaire, diabète, torsion de l'estomac, cancer des os.

Convient aux : maîtres expérimentés.

RÉSUMÉ **Groupe 2/n° 61 :** *Pinschers, Schnauzers, molossoïdes, chiens de bouvier suisses* **Origine :** *Suisse* **Taille :** *M 70-90 cm, F 65-80 cm* **Poids :** *jusqu' à 80 kg* **Poil :** *long et double* **Couleur :** *blanc avec plaques brun-roux, marques foncées sur la tête* **Espérance de vie :** *8-10 ans* **Prix du chiot :** *environ 900 euros.*

Saluki

Utilisation : le Saluki est présent dans l'ensemble de l'Orient sous sa forme actuelle depuis des millénaires. Il a été importé vers 1700 en Angleterre, aux côtés de chevaux arabes, puis dans le reste de l'Europe continentale.

Éducation : 🐾🐾🐾
Ville : non
Famille : 🐾🐾
Soins : 🐾
Exercice : 🐾🐾🐾🐾🐾

Caractère : chien très calme et distingué, qui s'attache à son maître. N'apprécie pas particulièrement les enfants. Il est assez entêté et fier. Il est en outre sensible et souvent très peureux.

Environnement : ce chien très rapide doit pouvoir se dépenser à bon escient, au sein de clubs spécialisés dans la course, ce qui occasionne des frais. L'apprentissage d'exercices d'obéissance peuvent le rendre un peu plus stable.

Maladies : le stress peut provoquer des maladies psychosomatiques affectant notamment sa peau ou son système digestif.

Convient aux : maîtres expérimentés.

RÉSUMÉ **Groupe 10/n° 269 :** *Lévriers*   **Origine :** *Moyen-Orient*
Taille : *58,5-71 cm*   **Poids :** *13-30 kg*   **Poil :** *lisse, soyeux, avec ou sans franges sur les membres et le dessous de la queue*   **Couleur :** *toutes couleurs et combinaisons de couleurs admises*   **Espérance de vie :** *13-16 ans*   **Prix du chiot :** *environ 1 000 euros.*

Samoyède

Utilisation : les Samoyèdes, une tribu du nord de la Russie, utilisaient selon des récits de voyage du XVIIIᵉ siècle des Spitz blancs pour la chasse, comme chiens de traîneau et pour protéger les troupeaux de rennes. Dans les situations critiques, Amundsen se fiait toujours, au cours de ses expéditions, à l'instinct de survie de ses chiens.

Éducation : 🐾🐾🐾
Ville : 🐾
Famille : 🐾🐾🐾🐾
Soins : 🐾🐾🐾🐾🐾
Exercice : 🐾🐾🐾🐾

Caractère : n'est pas aussi agressif envers ses congénères que les autres races de chiens de traîneau. Il est doux, aime l'homme et en particulier les enfants. Docile, fidèle, a besoin de liens étroits avec l'homme.

Environnement : le Samoyède veut être occupé et se dépenser. Ce chien fier a besoin d'une éducation ferme, mais non violente.

Maladies : DH, surdité, atrophie rétinienne progressive.

Convient aux : maîtres débutants.

RÉSUMÉ **Groupe 5/n° 212 :** *chiens de type Spitz et de type primitif* **Origine :** *Russie* **Taille :** *50-55 cm* **Poids :** *20-30 kg* **Poil :** *souple, moyennement long, avec un sous-poil dense et laineux, et un poil de couverture plus dur, imperméable* **Couleur :** *blanc, crème* **Espérance de vie :** *plus de 10 ans* **Prix du chiot :** *environ 800 euros.*

Sarplaninac

Autre nom : *Chien de berger yougoslave*

Utilisation : sa tâche a été de tout temps de surveiller et de protéger seul les troupeaux. Au village, il surveillait la maison et la cour. En raison de son intelligence et de son endurance, il était utilisé par l'armée et la police en Yougoslavie.

Éducation : 🐾🐾🐾
Ville : non
Famille : 🐾🐾
Soins : 🐾🐾🐾
Exercice : 🐾🐾🐾

Caractère : chien sérieux, qui agit de façon indépendante. Protecteur d'une fiabilité absolue et fidèle envers sa famille. Malgré une éducation approfondie indispensable, il ne devient jamais tout à fait obéissant.

Environnement : il a besoin de vivre dans une ferme isolée, clôturée, pour éviter le stress lié à une surveillance constante. Il aime avoir des activités extérieures aux côtés de sa famille.

Maladies : dysplasie de la hanche.

Convient aux : spécialistes.

RÉSUMÉ **Groupe 2/n° 41 :** *Pinschers et Schnauzers, molossoïdes, chiens de bouvier suisses* **Origine :** *Macédoine/Yougoslavie* **Taille :** *M 62 cm et plus, F 58 cm et plus* **Poids :** *M 35-45 kg, F 30-40 kg* **Poil :** *long, dense, dur, avec un sous-poil épais* **Couleur :** *uniformément blanc à noir, le gris fer et le gris foncé étant souhaité* **Espérance de vie :** *10-12 ans* **Prix du chiot :** *environ 800 euros.*

Schapendoes néerlandais

Utilisation : le Schapendoes (« caniche pour moutons »), ancien chien de berger des landes, avait été presque oublié en Hollande. La race fut sauvée en 1940, lorsque les races de chiens de berger hollandais furent répertoriées.

Éducation : 🐾
Ville : 🐾
Famille : 🐾 🐾 🐾 🐾
Soins : 🐾 🐾 🐾
Exercice : 🐾 🐾 🐾 🐾 🐾

Le Schapendoes actuel fut obtenu à partir des derniers spécimens grâce à des éleveurs et des généticiens expérimentés. La race a été reconnue en 1968.

Caractère : chien familial amical, enjoué, vif. Vigilant, mais ne mord pas. À la maison, est équilibré et calme. Son éducation nécessite de la patience et de la fermeté, parce qu'il est habitué à prendre des décisions seul en tant que chien de berger.

Environnement : du fait de sa disposition au travail et de son tempérament, doit avoir l'occasion de se dépenser suffisamment en pratiquant un sport canin tel que l'agility.

Maladies : pas de maladie spécifique connue.

Convient aux : maîtres débutants.

RÉSUMÉ **Groupe 1/n° 313** : *chiens de berger et de bouvier*
Origine : *Pays-Bas* **Taille :** *40-50 cm* **Poids :** *environ 15 kg*
Poil : *hirsute, moyennement long, avec sous-poil* **Couleur :** *toutes couleurs admises* **Espérance de vie :** *plus de 10 ans*
Prix du chiot : *850 à 1 100 euros.*

Schipperke

Utilisation : certains cynologues estiment que ce chien est un Spitz, d'autres qu'il s'agit d'un berger. Du point de vue anatomique, il ressemble à un Spitz. Le mot flamand *Scheperke* signifie « petit berger ». En général, *Schipperke* est pourtant traduit par « Spitz de marinier », car il faisait office de chien de garde sur les péniches, et y chassait les rats et les souris.

Éducation : 🐾
Ville : 🐾🐾🐾
Famille : 🐾🐾🐾🐾
Soins : 🐾
Exercice : 🐾🐾🐾

Caractère : chien allègre, vif, attentif, très patient en famille avec les enfants. Vigilant, donne volontiers de la voix. Très éveillé et fidèle. N'apprécie pas les inconnus.

Environnement : en raison de sa délicatesse et de sa capacité d'adaptation, c'est un chien d'appartement idéal si l'on supporte ses aboiements.

Maladies : robuste et en bonne santé.

Convient aux : maîtres débutants.

RÉSUMÉ **Groupe 1/n° 83 :** *chiens de berger et de bouvier*
Origine : *Belgique* **Taille :** *22-33 cm* **Poids :** *3-8 kg* **Poil :**
*abondant, dense et dur, droit en raison de l' épais sous-poil, avec
une collerette* **Couleur :** *noir* **Espérance de vie :** *plus de 15 ans*
Prix du chiot : *environ 800 euros.*

Schnauzer

Utilisation : il s'agissait à l'origine de la variété à poil dur du Pinscher allemand (→ voir page 166), aux côtés duquel il chassait les rats et les souris dans les fermes du sud de l'Allemagne ou les étables des villes. En 1882, Max

Éducation : 🐾🐾
Ville : 🐾🐾🐾🐾🐾
Famille : 🐾🐾🐾🐾
Soins : 🐾🐾🐾🐾
Exercice : 🐾🐾🐾

Hartenstein démarra un élevage spécifique. Le Pinscher allemand devint une race à part entière.

Caractère : le Schnauzer est resté un chien rustique, qui a besoin de liens familiaux étroits. Il a du tempérament, est attentif, aime apprendre et n'a peur de rien. Toujours vigilant et prêt à défendre, il ne mord pas. Apprécie toutefois d'en « découdre » un peu.

Environnement : a besoin d'une activité régulière, de préférence un sport canin. Doit être fermement éduqué, mais sans dureté. S'il est socialisé à temps et éduqué à l'obéissance, son humeur batailleuse peut être contrôlée.

Maladies : ARP, problèmes cardiaques.

Convient aux : maîtres débutants.

RÉSUMÉ **Groupe 2/n° 182 :** *Pinschers et Schnauzers, molossoïdes, chiens de bouvier suisses* **Origine :** *Allemagne* **Taille :** *45-50 cm* **Poids :** *15 kg* **Poil :** *dur, rude, avec un épais sous-poil* **Couleur :** *noir, poivre et sel* **Espérance de vie :** *plus de 15 ans* **Prix du chiot :** *environ 700 euros.*

Schnauzer géant

Autre nom : *Riesenschnauzer*

Utilisation : cette race s'est développée au XIXe siècle à partir de chiens de bouchers et de fermiers. On ne sait quel sang coule aujourd'hui dans ses veines. Il s'est appelé Russenschnau-zer, Bärenschnauzer, et durant la guerre de la bière à Munich, Bierschnauzer, parce qu'il protégeait les chargements des brasseries.

Éducation : 🐾 🐾
Ville : 🐾
Famille : 🐾 🐾 🐾
Soins : 🐾 🐾 🐾 🐾 🐾
Exercice : 🐾 🐾 🐾 🐾 🐾

Caractère : peut se montrer un fonceur plein de tempérament, comme le Schnauzer, mais également être calme et équilibré. Possède un instinct de protection inné, auquel il fait appel lorsque cela est nécessaire. Si son aspect semble rude, ce chien est pourtant doux et conciliant.

Environnement : il doit régulièrement être épilé, faute de quoi il a l'aspect d'un ours. Bien éduqué, il peut être un sportif exceptionnel, mais ne peut être qualifié de « docile ».

Maladies : DH, affections du genou.

Convient aux : maîtres expérimentés.

RÉSUMÉ **Groupe 2/n° 81 :** *Pinschers et Schnauzers, molossoïdes, chiens de bouvier suisses* **Origine :** *Allemagne* **Taille :** *65-70 cm* **Poids :** *environ 35 kg* **Poil :** *fil de fer, dur, avec un sous-poil souple* **Couleur :** *noir, poivre et sel* **Espérance de vie :** *10-12 ans* **Prix du chiot :** *environ 800 euros.*

Schnauzer miniature

Utilisation : en 1899, le Schnauzer miniature fut exposé pour la première fois comme une race indépendante. Auparavant, il était difficile de le distinguer de l'Affenpinscher (→ page 28). L'objectif était toutefois d'obtenir à l'identique un Schnauzer miniature. L'entreprise a réussi, mais un élevage massif a entraîné chez lui des défauts de caractère et des maladies héréditaires.

Éducation : 🐾🐾
Ville : 🐾🐾🐾🐾🐾
Famille : 🐾🐾🐾
Soins : 🐾🐾🐾🐾
Exercice : 🐾🐾🐾

Caractère : issu d'un bon élevage, c'est un chien de compagnie fier. Fonceur et hardi, c'est aussi un bon gardien, mais très bruyant. Compagnon enjoué durant les promenades.

Environnement : son poil doit être épilé régulièrement. Son éducation doit commencer de bonne heure et être cohérente. Convient bien aux personnes âgées.

Maladies : ARP et autres affections oculaires, calculs vésicaux, yeux secs (liquide lacrymal insuffisant), épilepsie.

Convient aux : maîtres débutants.

RÉSUMÉ **Groupe 2/n° 183 :** *Pinschers et Schnauzers, molossoïdes, chiens de bouvier suisses* **Origine :** *Allemagne* **Taille :** *30-36 cm* **Poids :** *6-7 kg* **Poil :** *noir, blanc, poivre et sel, argent et noir* **Couleur :** *gris argenté avec poils à extrémité noire, queue noire* **Espérance de vie :** *environ 14 ans* **Prix du chiot :** *environ 600 euros.*

Setter anglais

Utilisation : ce chien magnifique a pour ancêtres des Pointers et d'anciennes lignées espagnoles. Il est spécialisé dans le pistage et l'arrêt. Le plus rapide des Setters.

Éducation : 🐾🐾
Ville : non
Famille : 🐾🐾🐾
Soins : 🐾🐾🐾🐾
Exercice : 🐾🐾🐾🐾🐾

Caractère : doux, affectueux, patient avec les enfants. Accepte bien les autres animaux. A besoin de beaucoup d'amour et d'attention. N'aime pas rester seul longtemps. Peut être têtu, et doit donc être fermement éduqué. N'accepte toutefois pas d'être durement traité.

Environnement : en dehors de la maison, ce chien oublie ses qualités de chien domestique et vit pleinement sa passion pour la chasse. Il doit donc pouvoir beaucoup s'y exercer.

Maladies : DH, atrophie rétinienne progressive, surdité héréditaire, problèmes cutanés ; le cancer est la cause la plus fréquente de son décès.

Convient aux : maîtres expérimentés.

RÉSUMÉ **Groupe 7/n° 2 :** *chiens d'arrêt* **Origine :** *Grande-Bretagne* **Taille :** *M 63-68 cm, F 61-65 cm* **Poids :** *20-30 kg* **Poil :** *légèrement ondulé, long et soyeux* **Couleur :** *blanc, avec des moucheture uniformément réparties citron, orange, marron ou noires, tricolore* **Espérance de vie :** *jusqu' à 14 ans* **Prix du chiot :** *environ 700 euros.*

Setter Gordon

Autre nom : *Gordon Setter*

Utilisation : la race du Setter Gordon, le plus lourd de tous les Setters, a été créée à la fin du XVIIIe siècle par le duc Gordon. Ce chien était capable de chasser sur des terrains difficiles, car il est plus puissant et endurant que les autres Setters. Il suivait calmement et sans précipitation le gibier, puis se couchait pour indiquer sa présence (d'où le nom de « Setter ») jusqu'à l'arrivée du chasseur.

Éducation : 🐾🐾
Ville : 🐾
Famille : 🐾🐾
Soins : 🐾🐾🐾
Exercice : 🐾🐾🐾🐾🐾

Caractère : un chien placide et fier, à l'instinct de chasse très prononcé, qui aime aussi l'eau. Son entêtement nécessite une éducation précoce et cohérente, ainsi qu'un bon apprentissage.

Environnement : le Setter Gordon est plutôt le chien d'un seul maître, mais bien éduqué, il s'adapte aussi à une famille. Il faut toutefois lui donner beaucoup d'exercice.

Maladies : DH, ARP et affections de la glande thyroïde.

Convient aux : maîtres expérimentés.

RÉSUMÉ **Groupe 7/n° 6 :** *chiens d'arrêt* **Origine :** *Grande-Bretagne* **Taille :** *M 66 cm, F 62 cm* **Poids :** *M 25-36 kg, F 20-31 kg* **Poil :** *long, soyeux* **Couleur :** *noir intense, avec des marques châtaigne, petite tache blanche autorisée sur le poitrail* **Espérance de vie :** *plus de 10 ans* **Prix du chiot :** *env. 800 euros*

Setter irlandais rouge

Autre nom : *Irish Red Setter*

Utilisation : lorsque le Setter était très à la mode dans les années 1970 et n'était élevé que pour sa beauté, en particulier pour sa robe acajou, il était nerveux, peu équilibré et hyperactif.

Éducation : 🐾🐾
Ville : non
Famille : 🐾🐾🐾
Soins : 🐾🐾🐾
Exercice : 🐾🐾🐾🐾🐾

Ces défauts ont aujourd'hui été surmontés, mais il faut néanmoins veiller à choisir un bon éleveur.

Caractère : reste un chien de chasse, qui se conduit en conséquence. S'il a suffisamment d'activités, il est équilibré, agréable, désireux d'apprendre et dépourvu d'agressivité.

Environnement : quiconque a pu voir le Setter irlandais rouge chasser ne saurait en posséder uniquement un pour sa beauté et pour l'exposer. Même un sport canin comme l'agility ne suffit pas à le satisfaire. Il doit appartenir à un chasseur.

Maladies : DH, problèmes de squelette/oculaires, hydrocéphalie.

Convient aux : maîtres expérimentés.

RÉSUMÉ **Groupe 7/n° 120 :** *chiens d'arrêt* **Origine :** *Irlande*
Taille : *63-68 cm* **Poids :** *27-31 kg* **Poil :** *long, soyeux*
Couleur : *châtaigne, sans charbonnure* **Espérance de vie :**
10-12 ans **Prix du chiot :** *env. 800 euros*

Shar Pei

Utilisation : race de chiens chinois rares qui font sensation du fait de leur peau plissée et suscitent l'intérêt. Ses origines ne sont pas connues. Seuls les chiots ont la peau très plissée. Le chien adulte n'est presque plus ridé. En Chine même, cette race n'existerait plus depuis déjà quelques décennies si elle ne provoquait pas un véritable engouement aux États-Unis.

Éducation : 🐾 🐾 🐾
Ville : 🐾 🐾 🐾 🐾
Famille : 🐾 🐾
Soins : 🐾 🐾
Exercice : 🐾 🐾 🐾

Caractère : le Shar Pei est très volontaire et a une nature sérieuse et digne. S'il le souhaite, il peut aussi être drôle et tendre.

Environnement : il doit vivre au domicile et tisser des liens avec sa famille. Il déteste l'eau et le froid. A besoin d'une éducation approfondie.

Maladies : problèmes cutanés, anomalie des paupières, dysplasie de la hanche, problèmes de squelette.

Convient aux : maîtres expérimentés.

RÉSUMÉ **Groupe 2/n° 309 :** *Pinschers et Schnauzers, molossoïdes, chiens de bouvier suisses* **Origine :** *Chine* **Taille :** *45-50 cm* **Poids :** *20-25 kg* **Poil :** *court, dur* **Couleur :** *uniformément noir, fauve ou crème* **Espérance de vie :** *8-10 ans* **Prix du chiot :** *jusqu' à env. 2 000 euros*

Shiba

Utilisation : ce chien fait partie des anciens Spitz japonais, qui comme le montrent des représentations et des sculptures étaient déjà présents au Japon il y a des millénaires. Officiellement, il chassait l'oiseau, mais était aussi utilisé pour d'autres gibiers. Son nom signifie « petit chien du bush ». Il a d'abord fait l'objet d'un élevage aux États-Unis.

Éducation : 🐾🐾🐾
Ville : 🐾🐾🐾🐾
Famille : 🐾🐾🐾
Soins : 🐾🐾🐾
Exercice : 🐾🐾🐾🐾🐾

Caractère : le Shiba est intelligent et fier, alerte et entreprenant, mais jamais soumis. Il apprend volontiers, mais uniquement avec des personnes qu'il apprécie.

Environnement : c'est encore un chien très primitif, qui nécessite de posséder certaines connaissances. Ne peut circuler librement en raison de sa passion pour la chasse. Il aime être à l'extérieur, en se trouvant aux côtés de son maître. A besoin de beaucoup d'activité.

Maladies : DH, atrophie rétinienne progressive.

Convient aux : maîtres expérimentés.

RÉSUMÉ **Groupe 5/n° 257 :** *chiens de type Spitz et de type primitif* **Origine :** *Japon* **Taille :** *M 39,5, F 36,5 cm* **Poids :** *10-13 kg* **Poil :** *double, avec un sous-poil doux et dense et un poil de couverture dur et droit* **Couleur :** *rouge, noir et feu, sésame, sésame noir, sésame rouge* **Espérance de vie :** *12-15 ans* **Prix du chiot :** *env. 1 000 euros*

Shih Tzu

Utilisation : ce chien compte parmi les chiens d'Extrême-Orient dont le rôle était de surveiller les temples bouddhistes et que l'on offrait aux grands personnages. C'est ainsi que le Shi-Tze-kou (chien-lion tibétain) est

Éducation :	🐾🐾🐾
Ville :	🐾🐾🐾🐾🐾
Famille :	🐾🐾🐾
Soins :	🐾🐾🐾🐾🐾
Exercice :	🐾🐾🐾

arrivé à la cour de l'empereur de Chine, où il a ensuite été élevé sous le nom de Shi Tzu.

Caractère : doté d'une forte personnalité et d'une nature amicale. Affectueux, enjoué et fier, il constitue un parfait compagnon pour les personnes qui aiment prendre soin de son pelage.

Environnement : il n'aime pas particulièrement la chaleur estivale, qu'il supporte mal. Ses seules exigences sont de recevoir de l'amour, un amour qu'il rendra.

Maladies : luxation de la rotule, difficultés respiratoires, fissure palatine, entropion, ectropion, affections rénales, infections de l'oreille, problèmes oculaires.

Convient aux : maîtres débutants.

RÉSUMÉ **Groupe 9/n° 208 :** *chiens d' agrément et de compagnie*
Origine : *Tibet (GB)* **Taille :** *env. 27 cm* **Poids :** *env. 9 kg*
Poil : *long, dense, avec un sous-poil court et dense* **Couleur :**
toutes couleurs **Espérance de vie :** *env. 10 ans* **Prix du chiot :**
env. 800 euros

Skye Terrier

Utilisation : il serait le Terrier écossais le plus ancien. Il provient de l'île de Skye au nord-ouest de l'Écosse et était très apprécié à la cour d'Écosse et d'Angleterre. Il était alors robuste et doté d'un instinct prédateur, mais est

Éducation :	🐾🐾🐾
Ville :	🐾🐾🐾🐾🐾
Famille :	🐾🐾
Soins :	🐾🐾🐾🐾
Exercice :	🐾🐾🐾

élevé depuis très longtemps comme chien d'exposition. Son corps est quatre fois plus long que haut, mais il n'a pas, comme le Teckel, de problèmes de disques intervertébraux.

Caractère : il est calme à la maison, mais dans l'ensemble, est un chien compliqué. Très indépendant, il a besoin de beaucoup de rigueur et de doigté. Cet original ne tolère pas les inconnus. Malgré sa petite taille, c'est un protecteur puissant. La famille ne doit pas avoir d'enfants.

Environnement : comme il n'a presque plus d'instinct de chasseur, il se contente d'une courte promenade. À la maison, il est calme et n'aboie pas.

Maladies : chien robuste.

Convient aux : maîtres expérimentés.

RÉSUMÉ **Groupe 3/n° 75 :** *Terriers* **Origine :** *Grande-Bretagne*
Taille : *25 cm* **Poids :** *11,5 kg* **Poil :** *long, lourd, droit, avec un sous-poil doux* **Couleur :** *gris, fauve, crème avec des marques noires sur les oreilles et le museau* **Espérance de vie :** *env. 10-12 ans*
Prix du chiot : *env. 800 euros*

Sloughi

Utilisation : des bas-reliefs égyptiens ont montré que les Égyptiens de l'Antiquité utilisaient déjà des Lévriers de ce type pour la chasse 1500 ans av. J.-C. Pour chasser, les Bédouins le transportaient devant

Éducation : 🐾🐾🐾
Ville : non
Famille : 🐾🐾🐾
Soins : 🐾
Exercice : 🐾🐾🐾🐾🐾

eux, sur la selle de leur cheval. Le chien ne sautait du cheval qu'après avoir vu le gibier, qu'il poursuivait et acculait. Aujourd'hui, il vit toujours sous la tente et reste un précieux auxiliaire, très choyé.

Caractère : doux envers son maître et adaptable. Amical et réservé. Ne convient pas aux personnes qui exigent de lui une obéissance absolue.

Environnement : a absolument besoin de liens familiaux. Doit pouvoir beaucoup se dépenser mais le contact avec les siens importe peut-être encore plus. Préfère un environnement paisible.

Maladies : pas de maladie spécifique connue.

Convient aux : maîtres expérimentés.

RÉSUMÉ **Groupe 10/n° 188 :** *Lévriers* **Origine :** *Maroc* **Taille :** *M 66-72 cm, F 61-68 cm* **Poids :** *20-27 kg* **Poil :** *court, dense et fin* **Couleur :** *toutes nuances de sable admises (également avec un masque, des bringeures, etc.)* **Espérance de vie :** *12 ans* **Prix du chiot :** *env. 2 000 euros*

Spitz allemand

Autre nom : *Spitz loup*

Utilisation : selon l'avis de cynologues de renom, le Spitz allemand et le Keeshond hollandais sont un seul et même chien. En Hollande, celui-ci fut désigné comme le chien du peuple, par opposition aux races destinées à la haute société. Au XVIIIe siècle, un Hollandais patriote du nom de Kees en fit sa mascotte et lui donna son nom. En Allemagne, ce chien devient de plus en plus rare.

Caractère : très bon gardien, avec un instinct de protection inné. Il faut montrer beaucoup de patience à son égard, mais celle-ci sera récompensée. Il n'est pas adapté aux enfants, car il essaie de les saisir avec sa gueule.

Environnement : comme il ne braconne pas, il peut être un bon chien domestique dans les régions riches en gibier. Il aime se trouver dehors. Ne tolère pas d'autres chiens sur son territoire.

Maladies : pas de maladies spécifiques.

Convient aux : maîtres débutants.

Éducation : 🐾🐾🐾
Ville : 🐾
Famille : 🐾🐾🐾
Soins : 🐾🐾🐾
Exercice : 🐾🐾🐾

RÉSUMÉ **Groupe 5/n° 97 :** *chiens de type Spitz et de type primitif* **Origine :** *Allemagne* **Taille :** *45-60 cm* **Poids :** *27-37 kg* **Poil :** *long, fourni, sous-poil épais* **Couleur :** *gris argenté avec poils à extrémité noire, queue noire* **Espérance de vie :** *12-14 ans* **Prix du chiot :** *env. 600 euros*

Spitz

Utilisation : le Spitz, le plus ancien des chiens domestiques, descend du chien des tourbières de l'âge de pierre, et du chien des cités lacustres, plus tardif. Au Moyen Âge, c'était le chien de ferme le plus répandu. Contrairement aux Spitz nordiques, il ne se laisse pas dresser pour la chasse. Les seigneurs autorisaient donc leurs paysans à en posséder un.

Le Spitz moyen (Loulou de Poméranie) était un gardien fiable et débarrassait les fermes des rats et des souris. Les grands Spitz et les petits Spitz ont en revanche toujours été des chiens de compagnie. Dans les villages, les Spitz moyens gardaient souvent les oies, voire les vaches. La reine Victoria posséda plusieurs petits Spitz. Le Spitz est aussi un chien de garde classique dans la littérature.

Malheureusement, le Spitz allemand est moins populaire depuis quelques décennies, et il est regrettable qu'une race de chiens aussi belle et ancienne ne fasse pas davantage l'objet d'attention. Le déclin de cette race est peut-être dû aux soins importants qu'elle exige, en dépit desquels le poil finit quand même par s'emmêler. Comme le Spitz n'est en outre pas facile à éduquer et que sa vigilance le conduit à être très bruyant, il effraie beaucoup d'acquéreurs éventuels.

Caractère : intelligent et éveillé. Fier, il ne se soumet pas immédiatement. Attaché à son territoire, vigilant et aimant aboyer, il est méfiant envers les inconnus. Il est fidèle à sa famille et très patient vis-à-vis des enfants. Au minimum, il n'apprécie pas les autres chiens.

Environnement : comme il ne braconne pas et est très attaché à son territoire, ce chien robuste et insensible aux intempéries peut facilement vivre à l'extérieur. Il n'est pas non plus utile de le promener régulièrement. Il est

Éducation :	🐾🐾🐾🐾
Ville :	🐾
Famille :	🐾🐾🐾🐾
Soins :	🐾🐾🐾🐾
Exercice :	🐾🐾🐾

bien plus satisfait de son rôle de sentinelle dans le jardin ou la cour. Le Spitz, quelle que soit sa taille, doit vivre à la campagne.
Maladies : pas de maladie spécifique connue.
Convient aux : maîtres débutants.

RÉSUMÉ **Groupe 5/n° 97 :** *chiens de type Spitz et de type primitif* **Origine :** *Allemagne* **Taille :** *Grand Spitz (page 198) 40-50 cm ; Spitz moyen (en haut à gauche) 29-36 cm ; Petit Spitz (en haut à droite) 23-28 cm* **Poids :** *Grand Spitz 25 kg ; Spitz moyen 6-7 kg ; Petit Spitz 4-5 kg* **Poil :** *abondant sur tout le corps, court sur le museau, les oreilles et la queue* **Couleur :** *Grand Spitz et Spitz moyen noir, blanc, brun ; Petit Spitz également orange et gris loup* **Espérance de vie :** *Grand Spitz 12-13 ans ; Spitz moyen 13-15 ans ; Petit Spitz 14-15 ans* **Prix du chiot :** *400-600 euros*

Spitz finlandais

Autre nom : *Suomenpystykorva*
Utilisation : dans son pays d'origine, ce chien national est utilisé pour la chasse au tétras-lyre et au grand tétras. Il descend sans doute du Laïka de Sibérie orientale (voir page 145).

Éducation : 🐾🐾🐾
Ville : non
Famille : 🐾🐾🐾
Soins : 🐾🐾
Exercice : 🐾🐾🐾🐾🐾

Leur aspect et leur façon de chasser sont presque identiques.
Caractère : très indépendant et docile, mais non soumis. Du reste, son obéissance laisse parfois à désirer. Il est vigilant sans être agressif. Son aboiement peut s'avérer énervant. Patient envers les enfants.
Environnement : a besoin de beaucoup se dépenser et d'être actif. Ne craignant pas les intempéries, il aime séjourner à l'air libre, mais aux côtés de son maître.
Maladies : pas de maladie spécifique connue.
Convient aux : maîtres expérimentés.

RÉSUMÉ **Groupe 5/n° 49 :** *chiens de type Spitz et de type primitif* **Origine :** *Finlande* **Taille :** *44-50 cm* **Poids :** *env. 20 kg* **Poil :** *double, poils de couverture longs et durs, droits, particulièrement fournis autour des épaules, sur le dos et au niveau de la «culotte»* **Couleur :** *brun-roux, brun-jaune, marques blanches sur le poitrail et à l'arrière des cuisses et de la queue* **Espérance de vie :** *plus de 10 ans* **Prix du chiot :** *env. 500 euros*

Spitz japonais

Autre nom : *Nihon Supittsu*

Utilisation : un chien très rare, certainement issu des Spitz nordiques. À ce sujet, les avis divergent toutefois. Il est certain qu'il s'agit d'une race relativement jeune, qui n'existait pas encore au Japon vers 1900. Les similitudes entre sa constitution et son caractère et ceux du Spitz allemand laissent à penser qu'il en est peut-être le descendant.

Éducation : 🐾
Ville : 🐾🐾🐾🐾
Famille : 🐾🐾🐾🐾🐾
Soins : 🐾🐾🐾🐾🐾
Exercice : 🐾🐾🐾

Caractère : chien amical, qui apprécie les enfants, mais n'aboie pas, tout comme le Spitz allemand. Très docile et facile à dresser. Son absence d'instinct de chasseur est primordial.

Environnement : s'adapte à de petits appartements. N'a pas un grand besoin de courir, mais apprécie les promenades régulières, voire les randonnées assez longues.

Maladies : luxation de la rotule, pas d'autre affection connue.

Convient aux : maîtres débutants.

RÉSUMÉ **Groupe 5/n° 262 :** *chiens de type Spitz et de type primitif* **Origine :** *Japon* **Taille :** *30-38 cm* **Poids :** *env. 5 kg* **Poil :** *long, droit, écarté, sous-poil doux et dense* **Couleur :** *blanc* **Espérance de vie :** *10-12 ans* **Prix du chiot :** *env. 900 euros*

Spitz nain

Autres noms : *Loulou de Poméranie, Pomeranian*

Utilisation : bien qu'il provienne de Poméranie, le Spitz nain était beaucoup plus apprécié en Angleterre et aux États-Unis qu'en Allemagne. Il n'y a à nouveau connu le succès qu'à partir des années 1960. Depuis, il a de plus en plus d'amateurs, même s'il n'est pas facile à éduquer.

Éducation : 🐾🐾
Ville : 🐾🐾🐾🐾
Famille : 🐾🐾🐾
Soins : 🐾🐾🐾🐾🐾
Exercice : 🐾🐾🐾

Caractère : chien joyeux, fier, intelligent, qui aime son maître sans restriction.

Environnement : un peu bruyant lorsqu'il remplit sa fonction de gardien. Fier, voire pris de mégalomanie en face de chiens plus grands. Est un bon chien familial.

Maladies : luxation de la rotule, cryptorchidie, hydrocéphalie, ARP, affections cardiaques et rénales.

Convient aux : maîtres débutants.

RÉSUMÉ **Groupe 5/n° 97 :** *chiens de type Spitz et de type primitif* **Origine :** *Allemagne* **Taille :** *22 cm* **Poids :** *2-3 kg* **Poil :** *poil de couverture long, droit, dur au toucher et écarté, avec sous-poil épais* **Couleur :** *noir, blanc, brun, orange, gris nuage, crème, crème sable, noir et feu ; fond blanc avec taches uniformément réparties* **Espérance de vie :** *env. 15 ans* **Prix du chiot :** *env. 600 euros*

Springer anglais

Autre nom : *English Springer Spaniel*

Éducation : 🐾
Ville : 🐾 🐾
Famille : 🐾 🐾 🐾 🐾
Soins : 🐾 🐾 🐾
Exercice : 🐾 🐾 🐾 🐾

Utilisation : voici l'un des plus anciens leveurs de gibier anglais, qui il y a des siècles, délogeait déjà le gibier destiné au filet. Il est aujourd'hui encore utilisé comme chien de travail et comme simple chien d'exposition. Chien de chasse exceptionnel qui cherche et fait partir le gibier puis le rapporte sans le salir après le tir. Est l'ancêtre de tous les Spaniels de chasse.

Caractère : comme chien d'appartement, se montre fidèle, généreux et brave. Un joyeux camarade de jeu pour les enfants. Aime l'eau et pourrait rapporter des objets presque toute la journée.

Environnement : a besoin de longues promenades, au cours desquelles son maître doit lui faire pratiquer des exercices d'obéissance et jouer avec lui. Apprécie les personnes imaginatives.

Maladies : problèmes oculaires. Des soins réguliers des oreilles sont nécessaires.

Convient aux : maîtres débutants.

RÉSUMÉ **Groupe 8/n° 125 :** *chiens rapporteurs de gibier, leveurs de gibier et chien d'eau* **Origine :** *Grande-Bretagne* **Taille :** *env. 50 cm* **Poids :** *22-24 kg* **Poil :** *de longueur moyenne, dense, lisse, imperméable et résistant aux intempéries, soyeux et luisant* **Couleur :** *noir et blanc, marron foie et blanc, brun-roux et blanc* **Espérance de vie :** *jusqu' à 15 ans* **Prix du chiot :** *env. 900 euros*

Staffordshire Bull-terrier

Utilisation : au début du XIXᵉ siècle, beaucoup de Britanniques organisaient des combats d'animaux ou pariaient sur des chiens qui devaient tuer en un temps donné le plus de rats possible. Plus tard, les chiens durent

Éducation : 🐾 🐾 🐾
Ville : 🐾
Famille : 🐾 🐾
Soins : 🐾
Exercice : 🐾 🐾 🐾

également se combattre. C'est à cette fin que ce chien a été créé à partir d'un brassage entre des Terriers locaux et des Bouledogues anglais. Il combattait jusqu'à la mort.

Caractère : chien amical et affectueux envers l'homme. Très fidèle. Dominant, il doit être éduqué précocement avec fermeté et être habitué aux autres chiens de bonne heure.

Environnement : même les chiens les mieux éduqués peuvent être d'humeur batailleuse.

Maladies : maladies cutanées, calculs rénaux et problèmes oculaires.

Important : son maître devra être habilité à détenir un tel chien, dit dangereux (catégorie 2, défense – voir page 16).

RÉSUMÉ **Groupe 3/n° 76 :** *Terriers* **Origine :** *Grande-Bretagne*
Taille : *36-41 cm* **Poids :** *11-17 kg* **Poil :** *court, lisse, bien couché*
Couleur : *toutes couleurs sauf noir et feu ou marron foie*
Espérance de vie : *11-12 ans*

Sussex Spaniel

Utilisation : il était élevé dans le comté du Sussex pour chasser dans les sous-bois épais. Il devait rechercher consciencieusement le gibier. En dépit d'un flair exceptionnel, la race ne s'est toutefois pas imposée correctement et est même rare en Angleterre.

Éducation : 🐾🐾
Ville : 🐾🐾
Famille : 🐾🐾🐾
Soins : 🐾🐾🐾
Exercice : 🐾🐾🐾

Caractère : les yeux noisette du chien, à l'expression douce, lui donnent un air amical et affectueux. Il s'attache beaucoup à son maître. À l'extérieur, il veut chasser. Il est docile et apprend facilement.

Environnement : ce chien de chasse doit être contrôlé lorsqu'il circule à l'extérieur. Aime les promenades, si elles ne sont pas trop longues. Apprécie les activités de substitution s'il ne peut chasser.

Maladies : pas de maladie spécifique.

Convient aux : maîtres débutants.

RÉSUMÉ **Groupe 8/n° 127 :** *chiens rapporteurs de gibier, leveurs de gibier et d' eau* **Origine :** *Grande-Bretagne* **Taille :** *38-41 cm* **Poids :** *env. 23 kg* **Poil :** *abondant, lisse, avec un sous-poil épais, imperméable* **Couleur :** *marron foie doré, extrémité du poil dorée* **Espérance de vie :** *jusqu' à 15 ans* **Prix du chiot :** *env. 700 euros*

Teckel

Autre nom : *Dachshund*

Utilisation : en allemand, *Dachs* signifie blaireau, ce qui donne une idée de l'utilisation du chien. Mais il peut aussi être un pisteur, un chien de recherche au sang ou un broussailleur. Le Teckel est supposé être issu de Brachets dotés de pattes courtes en raison de mutations. Les Égyptiens possédaient déjà des chiens semblables 2000 ans av. J.-C., tout comme des Germains il y a 2000 ans. Le Teckel était également présent au Moyen Âge. Il ne fait l'objet d'un élevage que depuis 1888. Il en existe trois variétés : les Teckels à poil court, à poil dur et à poil long. Celles-ci affichent en outre trois tailles : la taille standard, la variété naine et le « Kaninchenteckel », qui chasse le lapin. Chez les Teckels, ce n'est pas la hauteur au garrot qui est mesurée, mais le tour de poitrine, derrière les épaules.

Caractère : chien éveillé, robuste et fidèle, rusé et indépendant. Sa réputation d'entêté est due à sa capacité à prendre dans les cas graves des décisions sans son maître, susceptibles de lui sauver la vie dans le terrier d'un blaireau par exemple. Vigilant, il peut mordre si nécessaire. Depuis des décennies, il dispute au Berger allemand la place de chien favori.

Environnement : il doit dès le plus jeune âge être éduqué et socialisé affectueusement, mais avec rigueur. Il ne fait pas toujours preuve d'une grande délicatesse avec les enfants, et ne devrait pas être laissé seul en leur compagnie. N'achetez un Teckel qu'auprès d'un éleveur extrêmement consciencieux, qui privilégie la santé mentale et physique de ses chiens.

Maladies : paralysie du Teckel, entropion, tumeurs de la gencive, instinct anormal de morsure et de défense. Les Teckels tigrés sont porteurs du gène merle, souvent responsable de la cécité et de la surdité.

Convient : aux maîtres débutants.

Éducation : 🐾🐾🐾
Ville : 🐾🐾🐾🐾
Famille : 🐾🐾🐾
Soins : 🐾
Exercice : 🐾🐾🐾

RÉSUMÉ **Groupe 4/n° 148 :** *Teckels* **Origine :** *Allemagne* **Taille :** *Tour de poitrine : Standard plus de 35 cm ; Teckel nain 30-35 cm ; «Kaninchenteckel» jusqu' à 30 cm* **Poids :** *Standard M plus de 7 kg, F plus de 6,5 kg ; Teckel nain M jusqu' à 7 kg, F moins de 6,5 kg ; Kaninchenteckel M jusqu' à 4 kg, F jusqu' à 3,5 kg* **Poil :** *Teckel à poil ras (page 206) court, dense, appliqué, brillant ; Teckel à poil long (en haut à gauche) souple, lisse, brillant, cou, oreilles, dessous du corps, membres et queue frangés ; Teckel à poil dur (ci-dessus à droite) dense, dur, couché, avec un sous-poil* **Couleur :** *Teckel à poil ras noir et feu, uniformément roux, jaune-roux ; Teckel à poil long uniformément roux, jaune-rouge, noir et feu ; Teckel à poil dur roux, blaireau ou sanglier* **Espérance de vie :** *12-14 ans* **Prix du chiot :** *env. 400-500 euros*

Terre-neuve

Utilisation : des pêcheurs anglais rapportèrent avec eux des chiens de Terre-Neuve pour qu'ils leur rendent service. Ceux-ci étaient si adaptés au milieu aquatique qu'ils avaient les pieds palmés. Ils sont connus pour leurs capacités de sauvetage dans l'eau. Jeunes, ils évoquent des oursons.

Éducation : 🐾 🐾
Ville : non
Famille : 🐾 🐾 🐾 🐾
Soins : 🐾 🐾 🐾
Exercice : 🐾 🐾 🐾

Caractère : chien aimable, calme et conciliant. Il n'est pas agressif et ne mord pas.

Environnement : il se plaira dans une cour ou un jardin de grande taille, car il aime être dehors. Nager est sa passion, il faut donc lui en donner régulièrement l'occasion. Malheureusement, il bave considérablement.

Maladies : DH, ectropion, entropion, affections cardiaques, problèmes de genou, ergots (voir page 18).

Convient aux : maîtres débutants.

RÉSUMÉ **Groupe 2/n° 50 :** *Pinschers et Schnauzers, molossoïdes, chiens de bouvier suisses* **Origine :** *Canada* **Taille :** *65-70 cm* **Poids :** *45-68 kg* **Poil :** *long, dense, couché, légèrement ondulé, sous-poil dense et huileux* **Couleur :** *noir, marron, blanc et noir* **Espérance de vie :** *env. 10 ans* **Prix du chiot :** *env. 1 000 euros*

Terrier australien

Autre nom : *Australian Terrier*

Utilisation : dès le début du XVIIe siècle, les émigrants écossais utilisèrent en Australie de petits terriers à poil dur pour leurs qualités de gardien et de chasseur d'animaux indésirables.

Éducation : 🐾
Ville : 🐾🐾🐾🐾
Famille : 🐾🐾🐾🐾
Soins : 🐾🐾🐾
Exercice : 🐾🐾🐾🐾🐾

Caractère : s'occupe sans cesse. Vigilant, sans agressivité. Fonceur et robuste. Amical envers l'homme et les autres animaux. Joyeux et fidèle, il est facile à éduquer, bien qu'il soit fier.

Environnement : une éducation suivie doublée d'une bonne connaissance des Terriers en feront un compagnon obéissant. Chien familial souple grâce à sa faculté d'adaptation. Sportif et endurant.

Maladies : en l'absence de tremblements, reste en bonne santé jusqu'à un âge avancé. Rarement affecté par l'atrophie rétinienne progressive, le diabète ou la cryptorchidie.

Convient aux : maîtres débutants.

RÉSUMÉ **Groupe 3/n° 8 :** *Terriers* **Origine :** *Australie* **Taille :** *env. 25 cm* **Poids :** *6,5 kg* **Poil :** *dur et droit avec un sous-poil souple* **Couleur :** *bleu et feu (chiots noirs à la naissance)* **Espérance de vie :** *14 ans et plus* **Prix du chiot :** *env. 800 euros*

Terrier australien à poil soyeux

Autre nom : *Australian Silky Terrier*

Utilisation : la race est apparue au début du XIXe siècle. Elle est issue du croisement entre une chienne Terrier à poil dur et un Dandie Dinmont Terrier. L'Anglais M. Little croisa ensuite l'Australian Terrier et le Yorkshire Terrier, donnant naissance à l'Australian Silky Terrier.

Éducation : 🐾
Ville : 🐾🐾🐾🐾🐾
Famille : 🐾🐾🐾
Soins : 🐾🐾🐾
Exercice : 🐾🐾🐾

Caractère : chien d'appartement intelligent et peu compliqué, enjoué et facile à éduquer. Reste un Terrier malgré sa petite taille, et peut venir à bout des rats. S'habitue difficilement aux jeunes enfants et à leurs gestes souvent incontrôlés.

Environnement : a absolument besoin de liens familiaux et de beaucoup d'activité. Son poil soyeux ne tombe pas, mais doit être régulièrement toiletté.

Maladies : race très robuste. Occasionnellement cryptorchidie, luxation de la rotule, calculs rénaux, diabète.

Convient aux : maîtres débutants.

RÉSUMÉ **Groupe 3/n° 236 :** *Terriers* **Origine :** *Australie* **Taille :** *23 cm* **Poids :** *3,5-4,5 kg* **Poil :** *très fin et lisse, n'atteint pas le sol* **Couleur :** *bleu et feu* **Espérance de vie :** *jusqu'à 20 ans* **Prix du chiot :** *env. 900 euros*

Terrier de Boston

Autre nom : *Boston Terrier*

Éducation : 🐾🐾🐾
Ville : 🐾🐾🐾🐾
Famille : 🐾🐾🐾🐾
Soins : 🐾
Exercice : 🐾🐾🐾🐾🐾

Utilisation : au XIXᵉ siècle, les Américains croisèrent différentes races de chiens de combat, donnant naissance dans la région de Boston au Terrier du même nom, à l'origine conçu pour combattre. Aujourd'hui, c'est un chien familial bien éduqué.

Caractère : l'actuel Terrier de Boston est un chien de compagnie drôle, inoffensif, amical envers l'homme et appréciant les enfants. Il est vigilant, mais n'aboie pas. A un goût illimité pour le jeu. Comme il est très intelligent, il apprend vite presque tous les types de tours.

Environnement : il doit être éduqué avec doigté, car il est très entêté. Il a besoin de la proximité de l'homme, ne perd pas ses poils et ne renifle pas les autres chiens.

Maladies : à l'achat, vérifier la bonne santé de la lignée. Craint la chaleur comme le froid extrême. Sa queue minuscule est une caractéristique congénitale.

Convient aux : maîtres débutants.

RÉSUMÉ **Groupe 9/n° 140 :** *chiens d'agrément et de compagnie*
Origine : *États-Unis* **Taille :** *36-42 cm* **Poids :** *6,5-11,3 kg* **Poil :** *court, lisse, brillant* **Couleur :** *bringé, noir ou couleur «phoque», avec des marques blanches* **Espérance de vie :** *12-15 ans*
Prix du chiot : *env. 800 euros*

Terrier de chasse allemand

Autre nom : *Deutscher Jagdterrier*
Utilisation : est issu du Fox Terrier et de Terriers anglais à poil rude. Ce croisement a donné un chien de chasse polyvalent. Peu d'autres Terriers se montrent aussi passionnés par la chasse, enthousiasmés par le travail et endurants. Ce chien accomplit tout avec sérieux. Le charme n'est pas son fort.

Éducation : 🐾🐾🐾🐾
Ville : non
Famille : non
Soins : 🐾
Exercice : 🐾🐾🐾🐾🐾

Caractère : il réunit toutes les qualités que peut souhaiter un chasseur. N'est pas un bon chien de compagnie en raison de son potentiel agressif envers l'homme, mais aussi de son besoin de liberté et de mouvement. Il a un courage exceptionnel et est entêté.

Environnement : cette race est un chien de travail courageux qu'il faut absolument contrôler. Le Terrier de chasse allemand ne peut être un chien familial.

Maladies : chien robuste, énergique, dépourvu de problèmes génétiques.

Convient : uniquement aux chasseurs.

RÉSUMÉ **Groupe 3/n° 103 :** *Terriers* **Origine :** *Allemagne*
Taille : *jusqu'à 40 cm* **Poids :** *9-10 kg* **Poil :** *lisse ou fil de fer, toujours court et dur* **Couleur :** *noir, marron foncé ou mélangé gris-noir, avec des marques feu* **Espérance de vie :** *12-14 ans*
Prix du chiot : *env. 500 euros*

Terrier de Manchester

Utilisation : il provient des régions portuaires de Liverpool et de Manchester, où sous le nom de Black and Tan Terrier, il devait autrefois rapporter de l'argent à son maître en se battant contre des rats. Le croisement avec le Whippet l'a rendu plus élégant et en a fait un chien d'exposition apprécié.

Éducation : 🐾🐾
Ville : 🐾🐾🐾🐾
Famille : 🐾🐾🐾🐾
Soins : 🐾
Exercice : 🐾🐾🐾

Caractère : chien qui a du tempérament, et aime bouger. À la maison, il est propre, vigilant, mais ne mord pas. S'entend bien avec les enfants raisonnables. Docile et facile à éduquer.

Environnement : aime se dépenser, mais n'a pas besoin de s'occuper constamment. C'est un compagnon agréable durant les promenades. Du fait de sa nature agréable et peu exigeante, il est souhaitable que ce Terrier robuste et peu répandu devienne à l'avenir plus populaire.

Maladies : entropion.
Convient aux : maîtres débutants.

RÉSUMÉ **Groupe 3/n° 71 :** *Terriers* **Origine :** *Grande-Bretagne* **Taille :** *38-41 cm* **Poids :** *5-10 kg* **Poil :** *court, épais, dense, brillant, ferme au toucher* **Couleur :** *noir et feu* **Espérance de vie :** *12-15 ans* **Prix du chiot :** *env. 500 euros*

Terrier de Norwich

Utilisation : comme son proche parent, le Terrier du Norfolk, le Terrier de Norwich était utilisé pour la chasse au renard et au blaireau. Il a été la mascotte des étudiants de Cambridge. Contrairement au Norfolk, il a des oreilles dressées. Il est l'un des plus petits Terriers.

Éducation : 🐾
Ville : 🐾🐾🐾🐾
Famille : 🐾🐾🐾🐾
Soins : 🐾🐾
Exercice : 🐾🐾🐾🐾

Caractère : pour sa petite taille, il a une forte personnalité. Robuste, courageux et fier, mais de caractère facile. Il a besoin de liens étroits avec l'homme, est facile à dresser et non agressif.

Environnement : a besoin de beaucoup d'exercice, et apprend volontiers un nouveau tour chaque jour. La rencontre d'autres chiens ne pose pas de problème au cours des longues promenades, qu'il supportera souvent mieux que son maître. Doit être légèrement toiletté deux fois par an.

Maladies : race robuste en général, mais difficulté à mettre bas.

Convient aux : maîtres débutants.

RÉSUMÉ **Groupe 3/n° 72 :** *Terriers* **Origine :** *Grande-Bretagne* **Taille :** *25-30 cm* **Poids :** *5 kg* **Poil :** *dur, fil de fer, droit, bien couché, avec un sous-poil épais* **Couleur :** *roux, froment, noir et feu, grisonné* **Espérance de vie :** *plus de 10 ans* **Prix du chiot :** *env. 1 000 euros*

Terrier de Sealyham

Autre nom : *Sealyham Terrier*

Utilisation : le Dandie Dinmont Terrier, le West Highland White Terrier, le Welsh Corgie et le Bull-terrier blanc contribuèrent à la création de cette race. C'était un chien robuste destiné à chasser le blaireau qui fit l'objet de sélections strictes pour ses performances.

Éducation : 🐾🐾🐾
Ville : 🐾🐾🐾
Famille : 🐾🐾🐾🐾
Soins : 🐾🐾🐾🐾
Exercice : 🐾🐾🐾

Caractère : chien domestique joyeux, joueur, agréable. Issu d'un bon élevage, il est amical, intrépide et équilibré. Bon gardien, il aboie fortement. Réservé envers les inconnus.

Environnement : se bagarre et chasse volontiers, doit donc être surveillé. Pour bien l'éduquer, il faut faire preuve de patience. Il exploitera en effet les défaillances de son maître.

Maladies : affections cutanées, surdité, eczéma, difficultés de mise bas.

Convient aux : maîtres débutants.

RÉSUMÉ **Groupe 3/n° 74 :** *Terriers* **Origine :** *Grande-Bretagne*
Taille : *max. 31 cm* **Poids :** *8-10 kg* **Poil :** *poil de couverture dur et long, sous-poil souple ; doit être épilé régulièrement* **Couleur :** *blanc pur, marques de couleur sur la tête admises* **Espérance de vie :** *12 ans et plus* **Prix du chiot :** *env. 900 euros*

Terrier du Norfolk

Utilisation : le Terrier du Norfolk et le Terrier de Norwich (voir page 214) ont la même origine. Chez le premier, les oreilles retombent, alors que chez le second, elles sont dressées. Avant que la caudectomie ne soit interdite, le Terrier de Norwich avait en outre la queue coupée. Les deux races étaient de farouches chasseurs de rats. Depuis 1964, elles font l'objet d'une distinction.

Éducation : 🐾
Ville : 🐾🐾🐾🐾
Famille : 🐾🐾🐾🐾
Soins : 🐾🐾
Exercice : 🐾🐾🐾🐾

Caractère : chien accommodant, actif et très curieux. Facile à éduquer, contrairement à d'autres Terriers. Alerte et robuste, également doux et agréable. Se montre patient avec les enfants.

Environnement : il veut participer à tout, ce qui ne pose pas de problème, car il est certes très fier, mais non bagarreur. Son poil dur doit être légèrement toiletté deux fois par an. A besoin d'un maître actif et plein d'humour.

Maladies : difficultés de mise bas.

Convient aux : maîtres débutants.

RÉSUMÉ   **Groupe 3/n° 72 :** *Terriers*   **Origine :** *Grande-Bretagne*
Taille : *25 cm*   **Poids :** *5 kg*   **Poil :** *dur, fil de fer, droit, couché, avec un sous-poil épais*   **Couleur :** *roux, froment, noir et feu, grisonné*   **Espérance de vie :** *plus de 10 ans*   **Prix du chiot :** *env. 1 000 euros*

Terrier écossais

Autre nom : *Scottish Terrier*

Utilisation : autrefois un Terrier utilisé pour la chasse aux oiseaux de proie, il est récemment devenu un chien de compagnie stylé. Il est issu notamment du West Highland White Terrier, du Cairn Terrier et du Skye Terrier. Dans les années 1930, il était très à la mode, comme le Fox-Terrier. Il était également appelé Aberdeeen Terrier. Lorsque le Caniche devint populaire, il tomba presque dans l'oubli.

Éducation :	🐾🐾🐾
Ville :	🐾🐾🐾🐾
Famille :	🐾🐾🐾🐾
Soins :	🐾🐾🐾🐾🐾
Exercice :	🐾🐾🐾

Caractère : donne l'impression d'être bougon et grincheux. Cela est encore accru par le fait qu'il évite les inconnus. Terrier vaillant, indépendant mais entêté, doté d'une forte personnalité.

Environnement : a besoin d'une éducation et de soins constants. Il ne sera jamais tout à fait obéissant. N'a pas besoin de beaucoup de mouvement.

Maladies : « crampe du Scottisch », épilepsie, eczéma.

Convient aux : maîtres débutants.

RÉSUMÉ **Groupe 3/n° 73 :** *Terriers* **Origine :** *Grande-Bretagne* **Taille :** *25-28 cm* **Poids :** *8,6-10,4 kg* **Poil :** *dur, dense, rude, avec un sous-poil souple ; épiler régulièrement* **Couleur :** *noir, froment, bringé* **Espérance de vie :** *de 12 ans à plus de 15 ans* **Prix du chiot :** *env. 900 euros*

Terrier irlandais à poil doux

Utilisation : ce chien polyvalent était utilisé par les modestes fermiers irlandais pour ses aptitudes de chiens de ferme, de défense et de chasse. Il chassait en outre les rats et les souris, qui composaient une partie de son régime.

Éducation : 🐾
Ville : 🐾 🐾
Famille : 🐾 🐾 🐾 🐾
Soins : 🐾 🐾 🐾 🐾
Exercice : 🐾 🐾 🐾 🐾 🐾

Caractère : le Terrier irlandais à poil doux est doté de nombreuses qualités domestiques : il est fidèle, docile et amical envers l'homme. Chien enjoué, qui possède une grande personnalité. Il est patient avec les enfants et facile à éduquer. Un chien idéal, si son pelage ne se tachait pas autant.

Environnement : en raison de ses nombreuses aptitudes, il faut lui offrir beaucoup d'activité s'il est un chien familial et lui permettre de se dépenser intelligemment. Peut aussi être un bon chien sportif.

Maladies : chien en bonne santé, robuste.

Convient aux : maîtres débutants.

RÉSUMÉ **Groupe 3/n° 40 :** Terriers   **Origine :** Irlande
Taille : 46-48 cm   **Poids :** 15,75-18 kg   **Poil :** long, souple
Couleur : toutes les couleurs du crème au doré tirant sur le roux
Espérance de vie : 10-12 ans   **Prix du chiot :** env. 600 euros

Terrier noir

Autre nom : *Tchiorny Terrier*

Utilisation : dans les années 1930, des croisements furent effectués dans les chenils de l'armée russe entre des Schnauzers géants, des Rottweilers, des Airedale Terriers et des Terriers noirs locaux, afin d'obtenir un chien d'utilité idéal. Le chien qui en résulta était exceptionnel, mais était si attaché à sa personne de référence qu'il ne put remplir l'objectif visé sous la direction d'autres personnes.

Caractère : intelligent, facile à éduquer, équilibré et docile. S'il a une bonne nature, il est disposé à la défense, sans agressivité indésirable.

Environnement : c'est un chien familial équilibré s'il est bien éduqué et pratique un sport canin tel que l'agility.

Maladies : dysplasie de la hanche.

Convient aux : maîtres débutants.

Éducation : 🐾
Ville : 🐾
Famille : 🐾 🐾 🐾
Soins : 🐾 🐾 🐾 🐾
Exercice : 🐾 🐾 🐾 🐾

RÉSUMÉ **Groupe 2/n° 327 :** *Pinschers et Schnauzers, molossoïdes, chiens de bouvier suisses* **Origine :** *Russie* **Taille :** *63-75 cm* **Poids :** *40-65 kg* **Poil :** *rude, gros, ondulé avec un sous-poil ; facile à tailler* **Couleur :** *noir ou noir avec des poils gris* **Espérance de vie :** *env. 10 ans* **Prix du chiot :** *env. 1 000 euros*

Terrier tibétain

Autre nom : *Tibetan Spaniel*
Utilisation : le Terrier tibétain n'est pas davantage un Terrier que l'Épagneul tibétain (voir page 118) est un Épagneul. À l'origine, il protégeait le bétail des agriculteurs tibétains dans

Éducation : 🐾 🐾
Ville : 🐾 🐾 🐾
Famille : 🐾 🐾 🐾 🐾
Soins : 🐾 🐾 🐾
Exercice : 🐾 🐾 🐾 🐾

de rudes conditions, à 5 000 m d'altitude. Il a fait l'objet de croisements avec le Puli hongrois vers 1920, vraisemblablement pour rendre son poil un peu plus souple.

Caractère : actif, aime courir et sauter. Agréable et enjoué en famille. Parfois entêté, il peut être éduqué si l'on est assez ferme. Sa réserve envers les inconnus est souvent interprétée comme un défaut de caractère.

Environnement : n'aime pas être seul, car il se montre très « collant ». A besoin d'assez d'activités, qui sollicitent à la fois son esprit et son corps. Il peut pratiquer un sport canin s'il ne présente pas de DH.

Maladies : DH (dysplasie de la hanche), hernie discale.

Convient aux : maîtres débutants.

RÉSUMÉ **Groupe 9/n° 209 :** *chiens d'agrément et de compagnie*
Origine : *Tibet (GB)* **Taille :** *35-41 cm* **Poids :** *8-14 kg* **Poil :**
long, fourni, droit ou ondulé, jamais frisé, avec sous-poil épais
Couleur : *toutes sauf chocolat* **Espérance de vie :** *13-14 ans*
Prix du chiot : *env. 800 euros*

Tervueren

Utilisation : certainement le plus polyvalent des Bergers belges. Les amateurs de ce chien disent qu'il possède les mêmes qualités que le Berger allemand (voir page 39).

Éducation : 🐾
Ville : 🐾🐾🐾
Famille : 🐾🐾🐾
Soins : 🐾🐾🐾
Exercice : 🐾🐾🐾🐾

Caractère : intelligent, apprend vite. Se montre parfois un peu nerveux, et sensible. Ne supporte pas d'être rudoyé, est docile. Au sein de la famille, est conciliant et agréable. Les enfants doivent néanmoins savoir comment se comporter envers lui.

Environnement : veut être actif et occupé. Le canicross et l'agility lui conviennent bien. Il faut l'éduquer à la protection en douceur. Ces dernières années, le Tervueren a montré ses qualités de chien guide d'aveugle ou d'auxiliaire pour handicapés.

Maladies : convulsions.

Convient aux : maîtres débutants.

RÉSUMÉ **Groupe 1/n° 15 :** *chiens de berger et de bouvier*
Origine : *Belgique* **Taille :** *56-66 cm* **Poids :** *27,5-28,5 kg*
Poil : *long, lisse, double* **Couleur :** *acajou à beige, gris avec masque noir et poils de jarre noirs* **Espérance de vie :** *12-14 ans*
Prix du chiot : *env. 800 euros*

Welsh Corgi Cardigan

Utilisation : il est difficile pour le profane de distinguer le Welsh Corgi Cardigan du Welsh Corgi Pembroke. Il est pourtant élevé comme une race distincte. Le Cardigan est nettement plus long, et le Pembroke naît souvent avec une queue écourtée. Tous deux sont des protecteurs vigilants, qui mordent, ainsi que des gardiens de bétail et de moutons. Ils leur mordent les jarrets et échappent aux coups de sabot grâce à leur petite taille.

Éducation : 🐾🐾
Ville : 🐾🐾🐾🐾
Famille : 🐾🐾🐾🐾🐾
Soins : 🐾🐾
Exercice : 🐾🐾🐾

Caractère : chien fier, qui essaie constamment de s'imposer. Les deux races doivent être fermement éduquées.

Environnement : sa vigilance est souvent synonyme de morsure, une tendance que les éleveurs ne sont pas parvenus à éliminer. A besoin d'activités adaptées à sa taille, pas seulement de simples promenades.

Maladies : chien robuste et en bonne santé.

Convient aux : maîtres expérimentés.

RÉSUMÉ **Groupe 1/n° 38 (Cardigan), n° 39 (Pembroke) :** chiens de berger et de bouvier **Origine :** *Grande-Bretagne* **Taille :** *25-32 cm* **Poids :** *Cardigan 11-17 kg ; Pembroke 10-12 kg* **Poil :** *lisse, dur, avec sous-poil doux* **Couleur :** *toutes couleurs, blanc non dominant* **Espérance de vie :** *12-14 ans* **Prix du chiot :** *env. 1 000 euros*

Welsh Terrier

Autre nom : *Terrier gallois*

Utilisation : il ressemble beaucoup à l'Airedale Terrier (voir page 29), mais la race est plus ancienne. Avant qu'il ne soit reconverti en chien de compagnie, le Welsh Terrier délogeait le renard de son terrier, le livrant à la meute. Il est moins querelleur que les autres Terriers. Il reste un prédateur aujourd'hui.

Éducation : 🐾🐾
Ville : 🐾🐾🐾🐾
Famille : 🐾🐾🐾🐾
Soins : 🐾🐾🐾🐾
Exercice : 🐾🐾🐾🐾🐾

Caractère : vivant, courageux et fonceur. Parfois entêté, mais se laisse bien dresser. Au sein de sa famille, se montre drôle et affectueux. Vigilant, mais aboie modérément.

Environnement : comme il est très intelligent, il a besoin d'activités qui sollicitent son esprit. La pratique de l'agility, par exemple, est indispensable à sa forme physique. A besoin d'un maître sportif et actif, qui sache l'occuper.

Maladies : pas de maladies particulières.

Convient aux : maîtres débutants.

RÉSUMÉ **Groupe 3/n° 78 :** *Terriers* **Origine :** *Grande-Bretagne* **Taille :** *39 cm* **Poids :** *9-10 kg* **Poil :** *poil de couverture dur, fil de fer, dense ; doit être épilé* **Couleur :** *noir et feu ou grisonné noir et feu* **Espérance de vie :** *jusqu'à 14 ans* **Prix du chiot :** *env. 800 euros*

West Highland White Terrier

Autre nom : *Westie*
Utilisation : le Westie a été créé au XIXᵉ siècle à partir du Cairn Terrier, parce que le chien favori de la famille de Malcolm de Poltalloch avait été malencontreusement pris pour un renard et tué au cours d'une chasse. Dès 1970, ce chien est tant devenu à la mode, qu'il a éveillé l'intérêt de « reproducteurs » peu scrupuleux.

Éducation : 🐾🐾
Ville : 🐾🐾🐾🐾🐾
Famille : 🐾🐾🐾🐾
Soins : 🐾🐾🐾🐾
Exercice : 🐾🐾🐾

Caractère : ce petit chien fier, toujours disposé à s'amuser, a une forte personnalité. Contrairement à d'autres Terriers, il est très peu agressif. Il est robuste et hardi.
Environnement : chien domestique et familial idéal. Il compense un certain entêtement par son charme. À l'achat, il faut veiller à la qualité de l'élevage.
Maladies : luxation de la rotule, allergies, malformations de la mâchoire, maladies du foie.
Convient aux : maîtres débutants.

RÉSUMÉ **Groupe 3/n° 85 :** *Terriers* **Origine :** *Grande-Bretagne* **Taille :** *env. 28 cm* **Poids :** *7-10 kg* **Poil :** *dur, droit, fil de fer, avec un sous-poil doux ; doit être épilé* **Couleur :** *blanc pur* **Espérance de vie :** *jusqu'à 15 ans* **Prix du chiot :** *800-1 000 euros*

Whippet

Utilisation : la chasse au lièvre était très appréciée au nord de l'Angleterre au XIXe siècle. Comme les Terriers utilisés semblaient encore trop lents aux Anglais, ces derniers firent se reproduire de petits Greyhounds. C'est ainsi qu'est né le Whippet, léger et vif comme l'éclair. Celui-ci était aussi le chien de course des classes ouvrières des comtés du nord du pays.

Éducation : 🐾🐾
Ville : 🐾🐾🐾
Famille : 🐾🐾🐾🐾
Soins : 🐾
Exercice : 🐾🐾🐾🐾🐾

Caractère : le Whippet sera un chien de compagnie calme, doux et agréable. Il aime le contact physique, est très fidèle, mais jamais importun. Roulé en boule, il prend peu de place. Tolérant envers les autres chiens.

Environnement : à l'extérieur, se montre très actif, désireux de courir et enjoué. Doit donc avoir suffisamment d'occasions de s'ébattre. En raison de son instinct de chasseur, il doit pouvoir le faire sur un terrain clôturé. La pratique de l'agility lui convient.

Maladies : pas de maladies particulières.

Convient aux : maîtres débutants.

RÉSUMÉ **Groupe 10/n° 162 :** *Lévriers* **Origine :** *Grande-Bretagne*
Taille : *au moins 43-50 cm* **Poids :** *9-12 kg* **Poil :** *court, fin*
Couleur : *toutes couleurs* **Espérance de vie :** *souvent plus de 15 ans* **Prix du chiot :** *jusqu' à 800 euros*

Xoloitzcuintle

Autres noms : *Chien nu mexicain, Perro sin pelo mexicano*

Éducation : 🐾🐾
Ville : 🐾🐾🐾🐾🐾
Famille : 🐾🐾🐾🐾
Soins : 🐾
Exercice : 🐾🐾🐾

Utilisation : ce chien existait déjà lorsque les Espagnols conquirent le Mexique au début du XVIe siècle. Il servait de « bouillotte » aux Aztèques, qui se régalaient aussi de sa chair et le sacrifiaient aux dieux. Sa constitution se rapproche de celle du Lévrier. Sa peau nue doit faire l'objet de soins spéciaux. Le Xoloitzcuintle peut être grand (variété standard), moyen (variété naine) et miniature (variété toy).

Caractère : alerte, intelligent et affectueux. Amical envers les inconnus, ni agressif, ni craintif.

Environnement : même s'il n'a pas de poils, il supporte des températures assez fraîches à condition de se dépenser. A besoin de longues promenades, car il est très sportif et endurant. Peut vivre dans un appartement équipé du chauffage central et avec des personnes allergiques aux chiens.

Maladies : dents manquantes, anomalies de la dentition.

Convient aux : maîtres expérimentés.

RÉSUMÉ **Groupe 5/n° 234 :** *chiens de type Spitz et de type primitif* **Origine :** *Mexique* **Taille :** *41-57 cm* **Poids :** *9-14 kg* **Poil :** *gris clair ou rosé en hiver, brun foncé à noir en été* **Couleur :** *gris argenté avec poils à extrémité noire, queue noire* **Espérance de vie :** *12-15 ans* **Prix du chiot :** *1 000-1 200 euros*

Yorkshire Terrier

Utilisation : à l'origine, il devait combattre les rats des étroites galeries poussiéreuses des mines de charbon du comté du Yorkshire. Aujourd'hui, il peut surtout être admiré dans les expositions.

Éducation :	🐾 🐾 🐾
Ville :	🐾 🐾 🐾 🐾 🐾
Famille :	🐾 🐾 🐾 🐾
Soins :	🐾 🐾 🐾 🐾
Exercice :	🐾 🐾 🐾

Caractère : le courage d'un lion dans un tout petit corps ! La plupart du temps, il ignore tout simplement qu'il pèse à peine quatre kilos et dans sa mégalomanie, parvient même à mettre des Dogues en fuite.

Environnement : si son maître ne l'habitue pas à la présence d'autres chiens lorsqu'il est encore un chiot, il se comportera souvent de façon très asociale. Ce comportement peut lui coûter la vie, car il n'hésite pas à mordre de plus grands chiens.

Maladies : affections de la rétine, yeux secs (liquide lacrymal insuffisant), luxation de la rotule, du coude, fontanelle ouverte, collapsus trachéal.

Convient aux : maîtres débutants.

RÉSUMÉ **Groupe 3/n° 86 :** *Terriers* **Origine :** *Grande-Bretagne*
Taille : *18 cm* **Poids :** *env. 3 kg* **Poil :** *long, fin, droit* **Couleur :**
bleu acier foncé, poil fauve sur le poitrail, la tête et les pattes
Espérance de vie : *jusqu'à 14 ans* **Prix du chiot :** *jusqu'à 800 euros*

Choisir
votre chien

Votre amour des chiens ne doit pas être
votre unique motivation pour vous procurer
un compagnon à quatre pattes.
Dans le chapitre suivant,
vous apprendrez tout ce qu'il faut savoir
avant d'acquérir un chien.

Le rôle du chien dans la société

Situation passée : le mode de vie de nos ancêtres chasseurs-cueilleurs pouvait être mis en parallèle avec celui des loups. Ils étaient constamment à la recherche de nourriture et devaient défendre leur territoire contre les intrus.

Après son apprivoisement et sa domestication, le chien put partager des objectifs communs avec l'homme. Avec son concours, la chasse devint plus facile.

L'homme et l'animal s'accordèrent, parce qu'ils pouvaient satisfaire les mêmes penchants.

Situation actuelle : l'homme moderne s'est éloigné de la nature. Bien souvent, il ne comprend plus le chien, dont le comportement inné de chasseur devient indésirable.

Si le chien vivait autrefois constamment aux côtés de nos ancêtres, aujourd'hui, il n'accompagne plus l'homme que durant ses loisirs. Toutefois, même ainsi, il ne peut aller partout. Le chien ne le comprend pas, parce qu'il est toujours égal à lui-même et ne peut mettre ses besoins de côté. Pour lui, il n'y a pas de différence entre le travail et le jeu.

Ses fonctions dans la société actuelle n'ont de surcroît plus rien à voir avec la notion de travail. Il s'agit d'objectifs sociaux abstraits, pour lesquels l'homme a aujourd'hui besoin de lui : compagnon, enfant, frère ou sœur de substitution, compagnon pour les loisirs, prétexte au sport ou au jeu, ou encore « objet de luxe ».

Ces nouvelles fonctions vont malheureusement de pair avec le risque d'anthropomorphisme. Il s'agit de l'un des principaux problèmes actuels affectant la vie du chien. Dans les cas d'anthropomorphisme, les besoins du chien ne sont

Expérimenter avec son maître est favorable à l'épanouissement.

Conseils préalables à l'achat

Pour acquérir un chien, il faut aimer les animaux et avoir une bonne connaissance de leurs besoins spécifiques. L'animal souffre lorsque seuls les besoins de son maître comptent et que celui-ci le traite en être humain. Posez-vous la question suivante : «Pour quelle raison ai-je envie d'acquérir un chien ?» Tous les membres de la famille doivent en outre être d'accord pour accueillir cet animal.

pas satisfaits et l'animal peut présenter des troubles du comportement.

En outre, lorsqu'il n'est pas éduqué avec logique, ou de façon trop laxiste, il ne trouve pas sa place au sein de la hiérarchie familiale. Il prend le rôle dominant et devient dangereux pour sa famille.

C'est pourquoi des milliers et des milliers de chiens finissent chaque année dans les refuges, ou font l'objet de consultations auprès de comportementalistes.

La pratique d'un sport canin sans contrainte, comme l'agility, est une bonne activité de substitution pour un chien qui ne fournit plus de travail.

La plupart des chiens sont aussi fascinés par l'eau que les enfants.

Qu'attend l'homme du chien ?

Pour beaucoup de personnes, il serait idéal qu'un chien puisse être « remisé » au garage, tel une planche de surf, après que l'on a joué avec, jusqu'au moment de s'en « resservir ».

Le chien doit bien souvent correspondre à nos attentes. Toutefois, celles-ci vont généralement à l'encontre de ses besoins et de ses instincts.

Il doit être un protecteur, mais ne rien faire aux amis, aux voisins et aux enfants, même si ces derniers l'importunent. Il ne doit pas se battre avec d'autres chiens, mais doit avoir le dessus s'il est attaqué.

EN SAVOIR PLUS

S'informer est essentiel
Avant d'acquérir un chien, vous devez vous informer sur la biologie du chien et sur ses besoins spécifiques. Les bons clubs et les cours privés proposent régulièrement des formations théoriques. Consultez la check-list de la page ci-contre !

CHECK-LIST

Informez-vous sur les points suivants :
- ✔ Caractère et langage corporel du chien
- ✔ Psychologie du chien
- ✔ Santé du chien
- ✔ Soins canins
- ✔ Éducation du chiot
- ✔ Éducation sans contrainte
- ✔ Apprentissage sans contrainte
- ✔ Environnement approprié
- ✔ Alimentation correcte
- ✔ Jeux
- ✔ Sports canins

Durant la promenade, il doit s'ébattre, mais ne doit pas braconner. S'il s'éloigne trop en vaquant à ses occupations, il doit répondre immédiatement à l'ordre de revenir. Lorsqu'il tire sur sa laisse, nous le détachons et le laissons courir librement alors même qu'il n'est pas encore dressé. Il peut creuser des trous à l'extérieur, mais pas dans le jardin.

Nous attendons de lui qu'il soit propre, et lui laissons à peine le temps d'apprendre la propreté. Nous lui interdisons de manger des choses peu appétissantes, sans savoir qu'il est naturellement un charognard. Nous nous attendons à ce qu'il nous comprenne, mais ne faisons pas l'effort d'apprendre son langage corporel.

Nous ne voulons pas qu'il mendie, mais nous le nourrissons à table. Lorsqu'il nous accueille, nous l'incitons à se jeter sur nous, mais nous nous attendons à ce qu'il n'agisse pas ainsi envers les inconnus.

Aujourd'hui, l'homme a davantage besoin du chien comme compagnon que comme auxiliaire. Pourtant, celui-ci ne peut être à sa disposition lorsque cela convient à son maître, pour ensuite être laissé de côté sans poser de problème.

Jouer au frisbee compense le plaisir de la chasse.

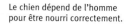
Le chien dépend de l'homme pour être nourri correctement.

Le chien doit apprendre de bonne heure à jouer.

comme le Berger allemand vivent aujourd'hui une vie de chien familial très choyé. Ils ne travaillent plus et en souffrent. Ils ne font plus que quelques promenades ennuyeuses par jour. Ils n'ont plus de tâches à accomplir qu'ils pourraient résoudre grâce à leur intelligence. C'est pourquoi les chiens sont aujourd'hui souvent hyperactifs, insatisfaits, frustrés et perturbateurs.

Comment l'homme voit le chien aujourd'hui ?

Du fait de ses nouvelles fonctions dans la société actuelle, qui se situent presque exclusivement dans le domaine social, le chien a renoncé à ses activités d'autrefois. Il ne doit plus chasser avec l'homme pour trouver sa subsistance. Son repas lui est donné à heures fixes. Il ne doit plus se battre pour séduire une chienne, celle-ci lui est généralement présentée.

L'objectif pour lequel il était élevé autrefois est souvent méconnu de l'homme. Même les anciens chiens d'utilité

> Même les gros chiens éprouvent parfois le désir de chasser.

Naturellement, le chien a besoin de mouvement. Il ne lui suffit pas de courir sans objectif précis. Un animal ne se déplace jamais sans but.

En promenant votre chien pour qu'il ne devienne pas totalement indolent, vous ne le satisfaisez que partiellement. Il s'éloignera de plus en plus de son chef de meute et tentera de chasser seul.

L'homme a oublié sa complicité de jadis avec le chien, et ce dernier n'est pas satisfait du rôle qui lui est attribué. En raison de son comportement social, il a choisi il y a très longtemps de vivre aux côtés de l'homme. Il souhaite partager quelque chose avec lui lorsque tous deux sortent de la maison. Pour cela, il doit être occupé à bon escient, en fonction de ses besoins.

235

> Le déroulement des jeux de lutte
> doit être contrôlé par l'homme.

Le chien face à une attitude inadaptée

Le chien enregistre et évalue tout ce que nous faisons en sa présence.

Notre comportement lui indique qui est le chef de meute. Il détermine l'image que le chien se fait de nous. Chaque jour, la promenade régulière lui montre que nous sommes incapables de chasser.

Il tente constamment de nous inciter par ses actes et son langage corporel à chasser avec lui. Puis il finit par se résigner et par se consacrer seul à ce qui l'intéresse.

Il décide du déroulement des jeux. Il exige ainsi les prérogatives du chef de meute.

Malgré tout, nous sommes fiers que le chien nous apporte le jouet à notre demande, puis nous commande en aboyant de jeter la balle. Nous devenons ainsi une machine à lancer la balle.

Lorsque le chien saute sur le canapé et pousse son maître de côté, il est persuadé que

Même le chiot connaît déjà le geste de l'incitation au jeu.

cette place lui revient, en tant que chef de meute.

Lorsqu'il doit défendre seul l'entrée de l'appartement après la sonnerie, l'homme lui confirme qu'il est un responsable haut placé dans la hiérarchie de cette importante frontière.

Mais ensuite, l'animal se laissera difficilement disputer ce statut par un « inférieur ». En raison de cette faute de la part de l'homme, qui laisse croire au chien qu'il est le chef, des malentendus naissent, qui peuvent avoir des conséquences dangereuses. L'homme accorde au chien les libertés d'un chef de meute, mais celui-ci doit néanmoins se soumettre dans certaines situations.

Le chien adulte défendra s'il le faut son statut avec les dents, en disciplinant l'être humain « désobéissant ».

Instaurer une hiérarchie

Pour que le chien reconnaisse que vous avez un rang hiérarchique supérieur, vous ne devez pas, du point de vue de ses propres règles, commettre d'erreur. Ainsi, il ne doit pas s'installer sur des sièges en hauteur. Il ne doit pas passer devant vous, tant par la porte que dans les escaliers ou lorsqu'il est en laisse. Vous déciderez du début et de la fin d'un jeu, ainsi que de son déroulement. Vous choisirez la direction et le rythme de la promenade. En proposant des activités, vous éviterez qu'il se tourne uniquement vers ses propres centres d'intérêt.

Portrait du chien

Le chien pourrait être défini ainsi : un prédateur guidé par son instinct, qui vit au sein d'un groupe social hiérarchisé.

Ses instincts, sa constitution physique et ses organes sensoriels concourent à en faire un excellent chasseur. Alors qu'il n'est encore qu'un chiot, il répète déjà les différentes séquences de chasse, jusqu'à la mise à mort.

L'approche, l'observation, la poursuite, le saut, le mordillage et le déchiquetage en sont les diverses étapes. Parallèlement, durant ces jeux, correspondant à la phase d'imprégnation, le chiot

Capacités et goûts du chien

✔ Ils détectent les mouvements et sont donc de bons chasseurs.

✔ Ils n'aiment pas rester seuls.

✔ Ils ont un odorat nettement supérieur à celui de l'homme.

✔ Ils sont dépendants de l'homme et s'adaptent facilement.

✔ Ils ont besoin d'occupations intelligentes, et pas uniquement de sorties.

Les chiens qui se croisent doivent se trouver à votre gauche.

Le chien, un chasseur

L'anatomie et le comportement du chien sont conçus pour la chasse.

Parmi les instincts du chien figurent l'instinct de chasse, l'instinct grégaire, l'instinct sexuel et l'instinct territorial.

Ses sens ont des capacités nettement supérieures à ceux de l'homme, à l'exception du goût. C'est notamment le cas de son odorat, de son ouïe et de sa perception du mouvement, qui sont ceux d'un chasseur exceptionnel.

Le fait de creuser après avoir uriné renforce le marquage du territoire.

intègre la base des futurs rapports sociaux qu'il aura avec ses congénères.

Le chien vient au monde avec des instincts innés. Ceux-ci conditionnent son apprentissage.

En réalité, il n'a plus besoin de la plupart de ces instincts, car son comportement naturel n'est aujourd'hui plus souhaitable et pose même quelques problèmes dans son environnement.

Tout comportement du chien est propre à son espèce. Afin qu'il n'agisse pas de façon indésirable, il doit être soigneusement éduqué.

Ainsi, les comportements souhaitables seront encouragés, au contraire des compor-

Ce comportement signifie : « Qui es-tu donc ? »

tements prohibés. Mais qui aime les chiens saura accepter leur comportement et leur caractère.

Le chien qui vous convient

L'encadré de la page 231 évoquait les raisons de l'acquisition d'un chien. Lorsque la famille s'est entendue à ce sujet, il faut alors se demander quel type de chien peut nous convenir. En effet, le choix d'une race ne doit pas être uniquement basé sur son apparence.

Ce sont bien davantage son caractère, son utilisation, l'environnement qui lui convient, sa taille future, son espérance de vie, sa capacité à être éduqué, son caractère familial et le temps qu'elle exige qui devront être pris en compte.

Comme chaque chien a des exigences liées à sa race, la question est de savoir si nous pouvons y répondre.

Il faut en outre tenir compte du fait que nous vivrons douze à quinze ans avec cet animal. Cela est long si nous avons fait un mauvais choix. Le fait que beaucoup d'acqué-reurs de chiens passent outre cette phase de réflexion est démontré par le fait que pour presque un chien sur trois, de grosses difficultés surviennent, tout simplement parce que celui-ci ne convient pas à son maître.

Les particularités innées et individuelles de chaque race, qui ne correspondent pas aux représentations de l'homme, ne peuvent pas être transformées, même par le meilleur des thérapeutes. Cela peut entraîner des souffrances pour le maître comme pour le chien, qui sont à l'origine de plus de 100 000 abandons chaque année en France.

Ne vous engagez pas à la légère :

➤ Mes conditions familiales, économiques et professionnelles sont-elles assez stables pour que dans les douze à quinze années à venir l'environnement que je peux offrir à un chien ne change pas ?

Un instinct de chasse prononcé n'est pas souhaitable chez un chien de compagnie.

Obtenir les conseils d'un spécialiste
Renseignez-vous auprès d'un spécialiste, afin de choisir la race qui vous conviendra le mieux. Il doit s'agir d'une personne qui connaît différentes races. Interrogez par exemple un vétérinaire ou adressez-vous à une bonne école canine, dont les formateurs s'occupent des races les plus diverses. Les éleveurs et les propriétaires de chiens vanteront presque toujours «leur» race.

➤ Vais-je supporter un chien plein de vie?

➤ Le temps dont je dispose et mes conditions de vie me permettront-ils de courir ou de faire du vélo chaque jour avec mon chien si celui-ci aime courir?

➤ Avec un chien à l'instinct de protection prononcé, mes amis me rendront-ils moins visite?

➤ Ai-je une force suffisante pour maîtriser mon chien dans la rue, si celui-ci pèse 10 kg de plus que moi?

➤ Ai-je le droit de garder un chien dans mon appartement?

1 Attentif

2 Trois petits curieux

3 L'accueillir joyeusement incite le chiot à s'approcher.

4 Exercice du flair

Chiots en plein jeu **5**

Choisir le bon chiot

Une fois que vous vous êtes décidé pour une race particulière, vous devez choisir un bon éleveur.

Points à examiner chez l'éleveur : ce dernier doit être affilié à la Société centrale canine (SCC, ☎ voir adresse p 255). Il devrait élever des chiens parce qu'il les aime, non pour en faire une source de revenus. Il dispose en général d'une liste d'attente de personnes intéressées. Il vous posera de multiples questions parce qu'il veut être certain que son chiot se plaira chez vous. Si ses tarifs vous semblent plus élevés que ceux d'éleveurs publiant des annonces dans les journaux, n'en tenez pas compte. Les prétendues bonnes affaires finissent souvent par coûter plus cher.

Trouver le bon éleveur : les vétérinaires et les bonnes écoles canines peuvent en principe conseiller de bons éleveurs. Les services de la SCC peuvent aussi fournir des renseignements. Vous pouvez vérifier si un éleveur est sérieux en vous renseignant auprès de l'association locale de protection des animaux. Si vous avez peu d'expérience en matière de chiens, demandez à un spécialiste de vous accom-

pagner au moment de l'achat. Même si vous devez le rémunérer pour ce service, cela peut vous éviter d'avoir des ennuis et de gaspiller votre argent. Il existe malheureusement dans ce secteur des personnes peu scrupuleuses, qui reconnaissent immédiatement les profanes et exploitent leur manque de connaissances. N'achetez pas un chiot malade ou présentant un défaut parce qu'il vous fait pitié. Subordonnez la validité du contrat de vente à l'examen médical du chiot.

Le bon chiot

1. Il ne doit pas avoir plus de 8 à 10 semaines et doit être habitué à la présence de l'homme.
2. Il doit être vermifugé et avoir reçu les vaccins correspondant à son âge.
3. Chez un chiot sain, le poil, la gueule, les yeux, le nez, les oreilles et la région génitale sont propres.
4. Il suit attentivement ce qui se passe autour de lui et il est facile de l'inciter à jouer.

> Une promenade intéressante
pour le chien exige du temps.

Ce que coûte un chien

Avant d'acquérir un chien, prenez le temps de réfléchir à toutes les conséquences de cette acquisition. Les questions suivantes devraient faciliter votre décision.

➤ Avez-vous assez de place pour votre chien, et si possible un jardin? Certaines races ne peuvent vivre en appartement.

➤ Avez-vous le temps de promener votre chien deux à trois fois par jour (même par mauvais temps)?

➤ Êtes-vous certain que dans la journée, votre chien ne restera pas seul durant des périodes supérieures à deux heures?

➤ Avez-vous du temps à consacrer à son éducation, à son apprentissage ultérieur ou à ses activités sportives?

➤ Souhaitez-vous organiser vos vacances de façon à pouvoir emmener votre chien?

Ne négligez pas les besoins de votre chien durant les longs trajets en voiture.

Ou bien connaissez-vous une personne de confiance qui s'occupera de lui durant vos congés ou s'il est malade?

➤ Êtes-vous prêt à assumer les dépenses liées à son alimentation, à ses soins, aux consultations du vétérinaire ainsi qu'à son assurance?

➤ Les autres membres de la famille sont-ils d'accord pour acquérir un chien?

➤ Une personne de la famille est-elle allergique au poil de chien? En cas de doute, consultez un médecin au préalable.

➤ Avez-vous décidé avec les membres de votre famille qui serait la personne de référence pour votre chien? Chaque chien, notamment s'il appartient à une race de travail, a besoin d'un chef de meute, auquel il se soumet. Cette personne doit entreprendre son éducation.

➤ Pouvez-vous faire des prévisions pour les douze années à venir environ (durée de vie approximative d'un chien) d'un point de vue professionnel et privé?

➤ Votre bailleur vous autorise-t-il à détenir un chien?

EN SAVOIR PLUS

Frais liés à la possession d'un chien

Le coût d'un chien de taille moyenne qui vivrait environ 12 ans s'élève – en tenant compte de son prix d'achat, de sa nourriture, de ses soins, des frais de vétérinaire (en dehors de maladies particulières) et de son assurance – à environ 12 000 euros. La cotisation annuelle d'un club canin est de 50 à 70 euros. Les cours de dressage s'élèvent de 100 à 150 euros. Si votre chien pratique un sport canin, vous devez pouvoir y consacrer jusqu'à 3 heures 2 à 3 fois par semaine.

Maladies de A à Z

➤ **Albinisme**
Défaut de pigmentation.
Conséquences : allergie
à la lumière, souvent associée
à une cécité et une surdité.

➤ **Anémie**
Déficit de globules rouges.
Conséquences : faiblesse
généralisée.

➤ **Anomalie oculaire
du Colley**
Affection de la
rétine entraînant
la cécité.

➤ **ARP**
Voir atrophie
rétinienne progressive.

➤ **Atrophie du pancréas**
Conséquences : problèmes
digestifs, diabète.

➤ **Atrophie rétinienne
progressive**
Disparition progressive de la
rétine. Conséquences : cécité.

➤ **Cataracte congénitale**
Malformation. Conséquences :
le chien doit subir une
intervention chirurgicale.

➤ **Collapsus trachéal**
Rétrécissement des voies
respiratoires dû à un
affaissement du muscle
trachéo-dorsal. Conséquences :
risque vital aigu.

➤ **Crampe du Scottish**
Crampes musculaires

congénitales. Conséquences :
raideurs de l'appareil
locomoteur jusqu'à incapacité
motrice totale.

➤ **Crampes de l'arrière-main**
Crampes touchant les muscles
des membres postérieurs et
de la croupe.

➤ **Cryptorchidie**
Anomalie se produisant lorsque
la descente d'un testicule ou des
deux testicules dans le scrotum
n'a pas eu lieu. Conséquences :
dégénérescence tumorale.

➤ **Défaut d'irrigation
du cortex surrénalien**
Conséquences : mauvaise
défense contre les infections.

➤ **Déficit de plaquettes**
Conséquences : problèmes
de coagulation.

➤ **Déformation de
la membrane nictitante**
Conséquences : irritation de
la conjonctive et de la cornée.

➤ **Démodécie**
Maladie causée par des
acariens, à l'origine de lésions
cutanées ; incurable dans
sa forme la plus grave.

➤ **Dépigmentation du mufle**
Conséquences : grande
sensibilité aux effets du soleil.
➤ **Dérivation systémique de la
veine portale** (ou « livershunt »)
Défaut d'irrigation du foie.

➤ **Dysplasie de la hanche**
Modification pathologique

de l'articulation de la hanche.
Affection héréditaire.

➤ **Dysplasie du coude**
Modification congénitale
de l'articulation du coude.
Conséquences : boiterie.

➤ **Éclampsie**
Déficit en calcium se produisant
à la fin de la gestation ou après
la mise bas. Conséquences :
spasmes, convulsions, risque
vital prononcé.

➤ **Ectropion**
Retournement vers l'extérieur
du bord de la paupière.
Conséquences : conjonctivites
chroniques.

➤ **Eczéma du nez dû au soleil
(Colley)**
Sensibilité à la lumière du soleil
dû à un défaut de pigmentation.

➤ **Entropion**
Enroulement vers l'intérieur
du bord de la paupière.
Conséquences : inflammation
importante de la conjonctive
et de la cornée.

➤ **Épulis**
Tumeur bénigne de la gencive.

➤ **Éversion de l'intestin**
Formation d'une poche
dans l'intestin. Conséquences :
problèmes digestifs.

➤ **Facteur merle**
Modification héréditaire
de la couleur du poil, souvent
associée à une cécité et une
surdité (→ voir page 18).

➤ **Fissure palatine**
Conséquences : problèmes
au cours de l'ingestion
d'aliments.

➤ **Fracture du scaphoïde
du carpe**
Fracture de l'articulation du
poignet en cas de surmenage.

➤ **HD**
Voir Dysplasie de la hanche.

➤ **Hémivertèbre
ou vertèbre cunéiforme**
Malformation pathologique
d'une vertèbre. Conséquences :
incapacité motrice.

➤ **Insuffisance pancréatique**
Conséquences : troubles de
la glycémie, de la digestion.

➤ **Intersexualité**
Présence des caractéristiques
des deux sexes chez un même
individu.

➤ **Intoxication au cuivre**
Empoisonnement dû à un
défaut d'élimination du cuivre.
Conséquences : risque vital.

➤ **« Jambe de porc »**
Absence d'angulation
des membres postérieurs.
Conséquences : rotule lâche,
déformation des articulations.

➤ **Lupus**
Conséquences : photosensibilité.

> **Luxation de la rotule**
Déplacement de la rotule.
Conséquences : incapacité
motrice variable.

> **Luxation du coude**
Déboîtement de l'articulation
du coude. Conséquences :
boiterie importante.

> **Luxation du cristallin**
Déplacement du cristallin.
Conséquences : mauvaise
vision, risque de cécité.

> **Macrocôlon**
Dilatation du côlon et de
ses parois. Conséquences :
problèmes de transit et auto-
intoxication.

> **Maladie auto-immune**
Maladie au cours de laquelle
le corps dirige ses anticorps
contre ses propres tissus.

> **Maladie de Perthes/
Ostéochondrite déformante
juvénile de la hanche**
Nécrose de la tête fémorale.

> **Maladie de stockage
du glycogène**
Maladie du foie entraînant
un risque vital.

> **Microphtalmie**
Affection d'un œil ou des deux
yeux, dont la taille est trop
petite. Conséquences : voir
→ Entropion ; mauvaise vision,
pouvant aller jusqu'à la cécité.

> **Myélopathie cervicale**
Affection de la moelle épinière.

> **Narkolepsie**
Affection entraînant des accès
de sommeil soudain.

> **Nécrose de la tête hémorale
et de la tête fémorale**
Conséquences : boiterie.

> **Ossification
intramédullaire**
Conséquences : paralysie
à paraplégie.

> **Ostéochondrite dissécante**
Détachement d'un morceau
de cartilage qui se déplace dans
une articulation. Pathologie
associée à de l'arthrose et
à des fractures. Conséquences :
boiterie à des degrés divers.

> **Ostéopathie
craniomandibulaire**
Prolifération osseuse touchant
la mâchoire inférieure et la
bulle tympanique (cavité de l'os
temporal jouant un rôle dans
l'audition). Conséquences :
perturbation du sens
de l'équilibre.

> **Paralysie du Teckel**
Endommagement des disques
intervertébraux et de la
colonne vertébrale.

> **Péricardite calcifiante**
Constriction du péricarde.
Conséquences : rupture
du myocarde.

> **Persistance des dents de lait**
Les dents de lait ne tombent
pas. Conséquences : absence
de dents définitives.

➤ **Poils incarnés**
Conséquences : grave infection
cutanée.

➤ **Proliférations osseuses**
Accroissement anormal
de la substance osseuse.
Conséquences : ankyloses
douloureuses.

➤ **Queue coudée**
Défaut esthétique dû à la
présence d'une → Hémivertèbre
dans la région de la queue.

➤ **Queue trop courte**
Queue difforme et raccourcie.
Conséquences : eczéma sous
la queue ; si ces chiens sont
utilisés pour la reproduction,
leur descendance peut être
touchée par des affections
de la moelle épinière.

➤ **Sialocèle**
Kyste salivaire.

➤ **Soudure des vertèbres**
Conséquences : raidissement
de la colonne vertébrale,
incapacité motrice.

➤ **Sous-développement
du cortex surrénal**
Conséquences : urémie, mort.

➤ **Spina bifida**
Malformation de la colonne
vertébrale, qui se traduit
par l'absence de soudure
de la partie arrière d'une
ou plusieurs vertèbres.
Conséquences : ankylose
à incapacité motrice.

➤ **Spondylose**
Rupture des isthmes des
vertèbres. Conséquences :
raideurs éventuelles.

➤ **Sténose du pylore**
Obturation de l'orifice
à la base de l'estomac, le pylore.
Conséquences : surcharge
de l'estomac, vomissements
constants et amaigrissement.

➤ **Surproduction d'hormones
corticosurrénales**
Conséquences : ballonnements,
décalcification osseuse.

➤ **Syndrome des comédons
du Schnauzer**
Affection cutanée ; présence
de comédons sur le dos.
Conséquences : inflammation
cutanée et chute des poils
dans la région de la colonne
vertébrale.

➤ **Syndrome du Dobermann
bleu/Génodermatose**
Affection cutanée.
Conséquences : chute des poils,
eczéma.

➤ **Voile du palais trop long**
Conséquences : difficultés
respiratoires ayant des effets sur
le cœur et les poumons jusqu'à
la mort.

Index des races

Les numéros de pages en **caractères gras** renvoient aux photographies.

Index général

Les numéros de pages en **caractères gras** renvoient aux photographies

Adresses utiles

**Fédération cynologique
internationale (FCI)**
place Albert Ier, 13
B-6530 Thuin
www.fci.be

Société centrale canine (SCC)
155, avenue Jean-Jaurès
93535 Aubervilliers
Tél. : 01 49 37 54 00
www.scc.asso.fr

**Société protectrice des animaux
(SPA)**
39, boulevard Berthier
75847 Paris Cedex 17
Tél. : 01 43 80 40 66
www.spa.asso.fr

Fondation Brigitte Bardot
28, rue Vineuse
75016 Paris
Tél. : 01 45 05 14 60

**Association française
d'information et de recherche
sur l'animal de compagnie
(AFIRAC)**
www.afirac.org

*Vous pouvez en général obtenir
la plupart des publications de
ces associations en vous adressant
à elles.*

École nationale vétérinaire
7, avenue du Général-de-Gaulle
94700 Maisons-Alfort

Crédits photographiques :
Bilder Pur/Klein, Hubert : 89 ; **Bilder Pur/Steimer :** 77 ; **Cogis/Alexis :** 192, 207 ; **Cogis/DR :** 58 ; **Cogis/Français :** 80, 148, 206, 211 ; **Cogis/Gauzargue :** 133, 150, 166, 213, 217 ; **Cogis/Hermeline :** 78, 87, 115, 147, 153, 158, 162, 177, 181, 202, 222 ; **Cogis/Labat :** 44, 108, 191 ; **Cogis/Lanceau :** 12b, 126, 139, 163, 190, 195 ; **Cogis/Niçaise :** 68, 127, 131, 132, 165, 169 ; **Cogis/Simon :** 174, 209 ; **Cogis/Vedie :** 175 ; **Juniors/Botzenhardt :** 71, 196, 212 ; **Juniors/Brinkmann :** 32, 34, 143, 157 ; **Juniors/Cherek :** 197 ; **Juniors/Essler :** 98 ; **Juniors/Farkaschovsky :** 201 ; **Juniors/Freiburg :** 88, 122 ; **Juniors/Köpfle :** 224 ; **Juniors/Krämer :** 16, 31, 35, 40, 53, 54, 59, 65, 101, 173, 240 ; **Juniors/Kuczka :** 159 ; **Juniors/Naroska :** 91 ; **Juniors/Prawitz :** 69, 83, 142, 149, 220 ; **Juniors/Schanz :** 33, 36, 121, 188, 203 ; **Juniors/Stuewer :** 194 ; **Juniors/Wegler :** 57, 84, 145, 146, 176, 178, 187, 199, 200, 208, 225, 227 ; **Juniors/Wegner :** 47, 55 ; **Krämer :** 42, 60, 62, 64, 67, 73, 105, 107, 118, 128, 130, 134, 136, 154, 156, 160, 168, 180, 182, 219 ; **Layer :** 129 ; **Raab :** 52 ; **Reinhard :** 9, 22, 48, 51, 56, 151 ; **Schanz :** 3b, 10, 14, 37, 43, 46, 61, 63, 66, 72, 100, 104, 110, 111, 114, 117, 123, 137, 138, 141, 152, 164, 171, 179, 186, 204, 205g, 210, 221 ; **Silvestris/Lenz :** 2bd, 198 ; **Silvestris/Sunset :** 235 ; **Steimer :** 2h, 3h, 4, 5, 6, 7, 8, 11, 12h, 13, 15, 17, 18, 19, 21, 23, 28, 38, 39, 41, 49, 50, 74, 75, 76, 79, 82, 85, 86, 90, 93, 94, 97, 99, 103, 109, 112, 119, 120, 125, 135, 140, 144, 155, 161, 167, 170, 183, 184, 185, 189, 193, 205d, 214, 215, 216, 218, 226, 228, 230, 231, 233, 234, 236, 238, 239, 241, 242hg, hd, c, bg, 244, 245, 246, 247, 249 ; **Wegler :** 2bg, 25, 29, 30, 45, 70, 81, 92, 95, 96, 102, 106, 113, 116, 124, 172, 223, 229, 232, 237, 242bd

Remerciements :
L'auteur et l'éditeur remercient Reinhard Hahn pour ses conseils juridiques.

Traduction : Claire Debard
Réalisation : Philippe Brunet / PHB

ISBN : 978-2-501-05709-7
NUART : 4045449/01
Dépôt légal : août 2008

Imprimé en Espagne par Gráficas Estella, S.A.